DAS GROSSE SALAT BUCH

DAS GROSSE SALAT BUCH

Knackig-frisch und abwechslungsreich –
Salate für jeden Tag

Parragon

Bath • New York • Singapore • Hong Kong • Cologne • Delhi
Melbourne • Amsterdam • Johannesburg • Auckland • Shenzhen

Entwurf: Simon Levy
Neue Fotografien: Clive Bozzard-Hill
Neue Ernährungsberatung: Valerie Barrett
Neue Rezepte, Einleitung und Covertext: Angela Drake

Realisation der deutschen Ausgabe: trans texas publishing, Köln
Übersetzung: Melanie Schirdewahn, Köln u.a.
Lektorat: Anna Loll, Lesezeichen Verlagsdienste, Köln

ISBN 978-1-4454-3029-4
Printed in China

Hinweise
Sofern die Schale von Zitrusfrüchten benötigt wird, verwenden Sie unbedingt unbehandelte Früchte. Sind Zutaten in Löffeln angegeben, ist immer ein gestrichener Löffel gemeint: Ein Teelöffel entspricht 5 ml, ein Esslöffel 15 ml. Sofern nicht anders angegeben, wird Vollmilch (3,5 %) verwendet. Es sollte stets frisch gemahlener schwarzer Pfeffer verwendet werden. Bei Eiern und einzelnen Gemüsesorten, z. B. Kartoffeln, verwenden Sie mittelgroße Exemplare. Kinder, ältere Menschen, Schwangere, Kranke und Rekonvaleszenten sollten auf Gerichte mit rohen oder nur leicht gegarten Eiern verzichten. Die angegebenen Zeiten können von den tatsächlichen leicht abweichen, da je nach verwendeter Zubereitungsmethode und vorhandenem Herdtyp Schwankungen auftreten.

INHALT

EINLEITUNG

KÖSTLICHE VITAMINBOMBEN

Bunt, knackig, frisch, gesund und natürlich lecker – so lieben wir Salate. Sie enthalten eine Fülle von schmackhaften Zutaten und versorgen uns mit lebensnotwendigen Nährstoffen und Vitaminen. Angesichts des immer größer werdenden Lebensmittelangebots ist es gar nicht mal schwer, abwechslungsreiche Salate zu kreieren, die nicht nur gesund, sondern auch richtig schmackhaft sind.

Schon ein kurzer Besuch auf dem Wochenmarkt oder im Supermarkt offenbart die große Vielfalt an Salatzutaten, mit denen ohne großen Aufwand herrliche Salate komponiert werden können. Seien es bitter-würzige Salatblätter, duftende Kräuter oder farbenfrohes, vollreifes Obst und Gemüse aus aller Herren Länder – eintönig wird es nie. Wie wäre es also mit einem griechischen Salat, einem warmen Kartoffelsalat oder einem herzhaften Bohnensalat? Lassen Sie sich von den Rezepten in diesem Buch inspirieren, und experimentieren Sie ein wenig. Sie werden sehen, wie viel Spaß es macht, neu zu kombinieren und Unbekanntes auszuprobieren.

KNACKIG-FRISCH UND SO GESUND

Dass Salate gesund sind, ist kein Geheimnis. Für Menschen, die bewusster leben und bei der Ernährung auf Frische und Gesundheit achten möchten, sind Salate ideal, um sich mit lebensnotwendigen Proteinen, Vitaminen, Mineralstoffen und Ballaststoffen zu versorgen. Je mehr verschiedene Zutaten Sie kombinieren – von grünen Blattsalaten über Gemüse, Hülsenfrüchte und Kräuter bis zu Nüssen und Samen –, desto spannender wird das Geschmackserlebnis und desto höher wird auch der Nährstoffgehalt. Fünf Portionen Obst und Gemüse am Tag werden vielfach für eine gesunde Ernährung empfohlen. Wenn Sie Mittag- oder Abendessen durch einen reichhaltigen Salat oder die Reis- oder Kartoffelbeilage durch einen leichten Salat ersetzen, ist ein Teil dieser Empfehlung bereits erfüllt.

Für Menschen, die auf ihr Gewicht achten müssen, wird dieses Buch eine große Erleichterung darstellen. Früher waren Diäten freudlos, und Salate bestanden aus kalorienfreien Blattsalaten, Tomaten, Gurken und Sellerie – natürlich ohne Dressing! Glücklicherweise haben sich die Zeiten geändert. Wenn Sie die Zutaten bewusst auswählen, können Sie einen sättigenden Salat zusammenstellen und dennoch die Pfunde purzeln lassen. Empfehlenswert sind Salate mit Joghurtdressing, wie der Warme Gemüsesalat mit Mozzarella, oder solche mit einem leichten Dressing, wie Reissalat mit Gurke & Orange oder Bunter Salat mit Melone, Erbsensprossen & Minze.

Noch ein Hinweis: Lassen Sie sich durch die Ölmenge in vielen Dressings nicht abschrecken! Zu einer ausgewogenen Ernährung gehört auch ein wenig Fett. Überdies enthalten Nuss- und Pflanzenöle ungesättigte Fettsäuren, die den Cholesterinspiegel senken können. Auch bestimmte Öle und fetthaltige Fische wie Makrele weisen wertvolle Omega-3- oder Omega-6-Fettsäuren auf, die eine große Bedeutung für das Wachstum, eine gesunde Haut und ein intaktes Immunsystem haben.

Wichtiger Bestandteil einer gesunden Ernährung sind darüber hinaus Getreide und Hülsenfrüchte, da diese ihre Energie nur langsam und über den Tag verteilt abgeben. Gerade an hektischen Tagen kann ein ballaststoffreicher Salat wie Dreierlei Bohnensalat oder Quinoa-Taboulé zum Mittagessen Wunder wirken. Die Energietanks werden nicht nur aufgefüllt, die Wirkung hält auch ein paar Stunden an.

EIN SALAT FÜR JEDE JAHRESZEIT

Wenn die Tage länger werden und es draußen herrlich warm ist, sind Salate perfekt, da sie einfach zuzubereiten, frisch und nahrhaft sind. Doch eigentlich sind Salate das ganze Jahr über eine tolle Alternative, manche werden sogar warm serviert. Und aufgrund der Importe aus aller Welt sind sämtliche Zutaten jederzeit verfügbar. Noch besser sind selbstverständlich saisongerecht eingekaufte Waren aus heimischer Produktion, die oft viel aromatischer und nährstoffreicher sind. Wer würde bei einem Salat aus frischen Kartoffeln in einem sahnigen Dressing nicht dahinschmelzen?

Im Frühling können wir bei den Salatzutaten richtig aus dem Vollen schöpfen. Überall lachen uns frisches junges Gemüse und Frühlingssalate an, und es tut einfach gut, die Energietanks nach einem langen, dunklen Winter mit leichten, nährstoffreichen Salaten wieder aufzufüllen.

Während der heißen Sommermonate sollten Sie Salate komponieren, die unkompliziert sind. Für eine Party im Freien oder einen lauschigen Grillabend sind Salate empfehlenswert, die ein paar Stunden im Voraus zubereitet werden können. Alternativ einzelne Salatzutaten separat vorbereiten und erst kurz vor dem Servieren mit dem Dressing mischen.

In der kalten Jahreszeit sind herzhafte, warme Salate oder reichhaltige Reis- und Nudelsalate besonders wohltuend. Eine geschmackliche Bereicherung bieten Fisch, Fleisch und Geflügel, die vor dem Garen in spannenden Marinaden eingelegt werden, oder auch mit Winterkräutern und Knoblauch langsam im Ofen geröstetes Gemüse. Wenn Sie Freunde zum Essen eingeladen haben, ist ein Salat überdies ein perfekter, leichter Start in ein leckeres Winteressen.

KÖSTLICHE SALATZUTATEN

Schmackhafte Ingredienzien für Salate gibt es das ganze Jahr über in Hülle und Fülle. Hier einige der wichtigsten:

BLATTSALATE

Sie sind meist die Basis eines Salats und kommen in verschiedensten Formen, Texturen, Farben und Aromen daher. Absolute Frische ist hier das A und O. Manche Blattsalate haben einen eher würzigen, pfeffrigen Geschmack. Zu diesen gehören Frisée, Rucola, Mizuna und Brunnenkresse. Eher mild schmecken Feldsalat oder der klassische Kopfsalat. Wenn es richtig knackig sein soll, sind Romana- oder Eisbergsalat die richtige Wahl. Und für einen zusätzlichen Farbklecks sollten Sie nach rotstieligem Mangold, geflecktem Eichblattsalat, krausem Lollo Rosso oder festem rotem Radicchio Ausschau halten.

In einigen Salatrezepten aus diesem Buch werden abgepackte Salatmischungen aus dem Supermarkt verwendet. Diese sind meist in verschiedenen Varianten erhältlich und ideal für Köche mit chronischem Zeitmangel. Prüfen Sie die Blätter vor der Verwendung allerdings auf ihre Frische, und waschen Sie sie gründlich. Es ist übrigens kein Problem, wenn Sie nicht die geforderte Mischung im Sortiment finden. Ersetzen Sie sie einfach durch eine Alternativmischung, oder kreieren Sie aus verschiedenen Salaten Ihren eigenen Mix.

KRÄUTER

Frische, duftende Kräuter machen aus einem gewöhnlichen Salat etwas ganz Besonderes. Mediterrane Kräuter wie Basilikum, Oregano und glatte Petersilie harmonieren besonders gut mit Tomaten, Paprika und Zwiebeln. Koriander und Minze hingegen brillieren in orientalisch oder asiatisch angehauchten Salaten. Zu Salaten mit Fisch oder Meeresfrüchten wiederum passen die zarten Blättchen von Dill, Fenchelgrün und Kerbel mit ihrem anisartigen Geschmack am besten. Eher robuste Kräuter mit harten Stielen wie Thymian und Rosmarin sind hervorragend als Marinadenzutat geeignet. Die Stiele sollten zerquetscht oder zerbrochen werden, damit sie in der Marinade ihr Aroma entfalten können.

Eine sehr gute Idee ist es übrigens, frische Kräuter im Garten oder auf dem Balkon anzupflanzen und so regelmäßig frische und garantiert unbehandelte Ware ernten zu können. Alternativ können Sie Kräutertöpfe kaufen und an einem halbschattigen Ort auf der Küchenfensterbank platzieren. Regelmäßiges Gießen bitte nicht vergessen!

ÖLE

Ausschlaggebend für einen wirklich guten Salat auf Ölbasis ist ein sehr hochwertiges Öl. Öle werden aus Nüssen, Kernen, Keimen und Oliven gewonnen und variieren geschmacklich sehr stark.

Am beliebtesten unter den Salatölen ist Olivenöl. Es wird im Mittelmeerraum in Ländern wie Italien, Frankreich, Spanien und Griechenland hergestellt und hat im nativen Olivenöl extra seinen hochwertigsten Vertreter. Dieses wird durch kalte Pressung hergestellt, ist dunkelgrün und besitzt ein intensives, aber rundes Aroma. Setzen Sie es sparsam ein, da der Geschmack für sehr zarte Salate rasch zu kräftig sein kann. Greifen Sie in diesem Fall lieber auf ein milderes, helleres Olivenöl zurück.

Auch Nussöle variieren stark in Geschmack und Intensität. Erdnussöl ist ein helles Öl mit mildem, nussigem Aroma. Walnuss- und Haselnussöl besitzen hingegen ein herrlich kräftiges Aroma, sind bisweilen jedoch recht teuer. Kaufen Sie sie in kleinen Mengen, und verbrauchen Sie sie in wenigen Monaten, da sie rasch ranzig werden.

Sesamöl wird gern in asiatischen Salaten eingesetzt. Es ist bernsteinfarben, hat ein berauschendes Aroma und schmeckt nussig. Schon ein paar Tropfen sind bei den meisten Rezepten ausreichend.

Sonnenblumen- und Maiskeimöl sind recht mild und eher neutral im Geschmack. Verwenden Sie sie für Dressings und Marinaden mit kräftigen Geschmackskomponenten wie Kräuter, Knoblauch oder Chili. Man kann sie auch mit kostspieligeren Ölen mischen, um deren Aroma abzumildern.

ESSIGE

Zweitwichtigstes Element in einem Dressing ist gewöhnlich Essig. Er wird aus verschiedenen alkoholischen Getränken wie Rotwein, Weißwein, Sherry oder Apfelwein destilliert und ergänzt den Salat um eine säuerliche Note. Der mild-süße Apfelessig harmoniert besonders gut mit Salaten, die Früchte enthalten, während der intensiv-nussige Sherryessig hervorragend zu warmen Fleisch- oder Geflügelsalaten passt.

Besonders beliebt ist der aus dem italienischen Modena stammende Balsamicoessig mit seiner tiefroten, fast schwarzen Farbe und dem herrlichen, süßsauren Aroma. Ebenso wie bei hochwertigem Olivenöl muss man auch bei gutem Balsamicoessig teilweise tief in die Tasche greifen. Er wird fünf bis 20 Jahre in Eichenfässern gelagert – und mit zunehmendem Alter steigt auch der Preis. Köstlich schmecken ein paar Tropfen davon auf Tomaten oder zu einem Salat mit Röstgemüse. Mit ein wenig Zucker zu einem Sirup eingekocht (Balsamicoreduktion), kann man ihn über einen süßen oder herzhaften Salat träufeln oder als Dekorationselement für ein Hauptgericht verwenden.

KERNE, SAMEN UND NÜSSE

Knusprig geröstete Nüsse oder Kerne bringen nicht nur zusätzlichen Biss, sie versorgen den Körper auch mit Proteinen, Vitaminen und Mineralstoffen. Am besten haben Sie immer kleine Mengen Kürbis- und Sonnenblumenkerne sowie Sesamsaat und verschiedene ungesalzene Nüsse auf Vorrat. Noch intensiver wird ihr Geschmack übrigens, wenn sie auf einem Backblech im Ofen oder in einer trockenen Pfanne ein paar Minuten angeröstet werden.

GETREIDE, NUDELN UND REIS

Für reichhaltige, sättigende Salate sind diese energiereichen Zutaten einfach ideal. Zwar haben sie für sich genommen einen eher faden Geschmack, können sich aber durch Zugabe von Kräutern, Gewürzen und Dressings in kleine Köstlichkeiten verwandeln. Probieren Sie auch einmal eher unbekannte Varianten wie Quinoa, Bulgur oder Wildreis. Für Gesundheitsbewusste empfehlen sich die Vollkornversionen von Nudeln oder Reis.

SO GELINGEN SALATE

Mit den folgenden Tipps gelingen Ihnen Salate garantiert immer wieder aufs Neue!

Achten Sie beim Kauf von Blattsalaten auf frische, knackige Blätter, die keine welken oder braunen Stellen aufweisen. Bei Salatmischungen schütteln Sie den Beutel einmal kräftig durch und untersuchen Sie ihn auf eventuell verdorbene Blätter. Kaufen Sie immer nur so viel Blattsalat, wie Sie benötigen, da dieser nur begrenzt frisch bleibt. Geöffnete Salatbeutel immer innerhalb von 24 Stunden aufbrauchen.

Verwahren Sie Blattsalate in einem Plastikbehälter oder in einem offenen Frischhaltebeutel im Gemüsefach des Kühlschranks. Auf dem Wochenmarkt oder beim Gemüsehändler gekaufter Salat ist häufig recht sandig und erdig und sollte vor dem Lagern gut gesäubert werden. Auf diese Weise hält er sich sogar länger.

Kräuter mit langen Stielen wie Petersilie oder Minze sollten mit den Stielen in ein mit Wasser gefülltes Glas gestellt und im Kühlschrank aufbewahrt werden. Andere Kräuter mit kürzeren Stielen und Basilikumzweige halten sich am besten in einem offenen Frischhaltebeutel oder in einem locker zusammengefalteten feuchten Küchentuch im Gemüsefach des Kühlschranks.

Zur Vorbereitung von Blattsalaten diese zunächst von Stielen oder Strunk befreien. Die einzelnen Blätter in einer mit Wasser gefüllten, großen Schüssel oder im Spülbecken gründlich waschen. Sämtliche welken, verdorbenen oder braunen Blätter entfernen. Die anderen Blätter gut abtropfen lassen und anschließend in einer Salatschleuder trocknen oder behutsam mit einem sauberen Küchentuch trocken tupfen. Es ist wichtig, dass die Blätter trocken sind, da sie das Dressing andernfalls verwässern können. Salat kann problemlos ein paar Stunden vor dem Servieren gewaschen und getrocknet werden und ohne Dressing im Kühlschrank aufbewahrt werden.

Auch die meisten Dressings können im Voraus angerührt und im Kühlschrank gelagert werden. Vor dem Servieren sollte das Dressing jedoch erneut durchgerührt oder geschüttelt und möglichst nochmals abgeschmeckt werden.

Blattsalate immer erst kurz vor dem Servieren anmachen und die Blätter nur leicht mit dem Dressing überziehen. Andernfalls welken sie sehr rasch. Gießen Sie das Dressing in eine große, gekühlte Salatschüssel, und geben Sie die Blätter locker darüber. Wenden Sie die Blätter dann behutsam mit einem Salatbesteck oder mit sauberen Händen im Dressing.

Wenn Sie eine größere Anzahl an Gästen bewirten und viele verschiedene Salate servieren möchten, sollten Sie diejenigen mit Getreide, Hülsenfrüchten und Nudeln als Erstes vorbereiten, da diese Salate am längsten haltbar sind und oft noch besser schmecken, wenn sie gut durchgezogen sind.

Bei Salat als Beilage ist zu beachten, dass er das Gericht ergänzen und hervorheben, nicht aber übertönen soll. Wählen Sie den Salat also mit Bedacht aus und servieren Sie nur eine kleine Menge.

Beim Servieren von warmen Salaten ist das richtige Timing ausschlaggebend. Bereiten Sie alles bis auf das Dressing im Voraus zu und lassen Sie sehr heiße Zutaten wie Grillfleisch leicht abkühlen, bevor Sie sie zum Salat geben, damit zarte Salatblätter nicht matschig werden.

ZUBEREITUNGS-TECHNIKEN

TOMATEN HÄUTEN

Wählen Sie hierzu immer feste, aber reife Tomaten aus und schneiden Sie die Haut oben und unten kreuzweise mit einem scharfen Messer ein. Geben Sie die Tomaten in eine hitzebeständige Schüssel, bedecken Sie sie mit kochendem Wasser, warten Sie 2–3 Minuten, bis die Haut beginnt, zu reißen und sich abzulösen. Gießen Sie die Tomaten ab und lassen Sie sie dann 1–2 Minuten in einer mit Eiswasser gefüllten Schüssel abkühlen. Erneut abgießen und die Haut mit den Fingerspitzen abziehen.

GEMÜSE BLANCHIEREN

Bei dieser Kochtechnik wird Gemüse wie grüne Bohnen oder Spargel nur leicht vorgekocht, damit es knackig bleibt und die Farbe behält. Das vorbereitete Gemüse hierzu in einem Topf mit kochendem Wasser 2 Minuten kochen. Dann rasch in einen Durchschlag abgießen und unter fließend kaltem Wasser abschrecken, um den Garprozess zu beenden.

GEMÜSESCHLEIFEN

Diese sind eine wahre Augenweide und sehr einfach herzustellen. Schälen Sie harte Gemüsesorten wie Karotten, Gurken oder Zucchini von oben nach unten mit einem Sparschäler, sodass lange, dünne Streifen entstehen. Entweder sofort verwenden oder mit etwas kaltem Wasser besprenkeln, abdecken und im Kühlschrank bis zum Servieren aufbewahren – aber nicht länger als ein paar Stunden.

FLEISCH

SALADE NIÇOISE MIT FILETSTREIFEN

Die Steaks in eine flache Form legen. Jeweils 1 Esslöffel Essig, Orangensaft und Senf in einer Schüssel verrühren und über die Steaks gießen. Abdecken und 30 Minuten im Kühlschrank marinieren. Die Steaks zwischendurch wenden.

In der Zwischenzeit die Kartoffeln in kochendem Salzwasser 15–20 Minuten garen. Abgießen, abtropfen lassen und zunächst beiseitestellen.

In einem weiteren Topf etwas Wasser zum Kochen bringen und die Bohnen darin 10 Minuten bissfest garen. Abgießen, unter fließend kaltem Wasser abschrecken und abtropfen lassen.

Die Salatblätter auf eine Servierplatte geben. Kartoffeln, Bohnen, Paprika, Kirschtomaten und Oliven darauf anrichten. Restlichen Orangensaft und Senf mit der Hälfte des Olivenöls zu einem Dressing verrühren.

Die Steaks aus der Marinade nehmen. Das restliche Öl in einer Pfanne erhitzen und die Steaks darin von jeder Seite scharf anbraten. Herausnehmen und in breite Streifen schneiden. Die Steakstreifen auf dem Salat anrichten, das Dressing darübergießen und sofort servieren.

FÜR 4 PERSONEN

4 Filetsteaks vom Rind (à 120 g)

2 EL Rotweinessig

2 EL Orangensaft

2 TL scharfer Senf

175 g neue Kartoffeln

120 g grüne Bohnen

175 g gemischte Salatblätter, z. B. Rucola und Radicchio

1 gelbe Paprika, gehäutet und in Stücke geschnitten

175 g Kirschtomaten, halbiert

entsteinte schwarze Oliven, zum Garnieren

4 TL natives Olivenöl extra

ROASTBEEF-SALAT

Den Backofen auf 220 °C vorheizen. Das Fleisch mit wenig Salz, Pfeffer und Worcestersauce einreiben. Die Hälfte des Öls in einem Bräter erhitzen und das Fleisch von allen Seiten kurz anbraten. In den Ofen schieben und 30 Minuten braten. Das Fleisch aus der Form nehmen und abkühlen lassen.

In einem großen Topf Salzwasser zum Kochen bringen und die Bohnen darin 10 Minuten bissfest garen. Herausnehmen und unter fließend kaltem Wasser abschrecken. Abtropfen lassen und in eine große Schüssel geben.

Das Wasser erneut zum Kochen bringen und die Pasta darin al dente garen. Abgießen und abtropfen lassen. Das restliche Öl in den Topf geben und die Nudeln darin schwenken.

Nudeln, Zwiebeln, Radicchio, Oliven und Haselnüsse mit den Bohnen vermengen und auf eine Servierplatte geben. Die Zutaten für das Dressing verrühren und über den Salat gießen.

Das Fleisch in dünne Scheiben schneiden und auf dem Salat anrichten. Sofort servieren.

FÜR 4 PERSONEN

750 g Roastbeef oder Rinderfilet

Salz und Pfeffer

2 TL Worcestersauce

3 EL Olivenöl

400 g grüne Bohnen

100 g Pipe Rigate oder andere kurze Nudeln

2 rote Zwiebeln, in dünne Ringe geschnitten

1 Radicchio, in Streifen geschnitten

50 g grüne Oliven, entsteint

50 g geschälte ganze Haselnüsse

Dressing

1 TL Dijon-Senf

2 EL Weißweinessig

5 EL Olivenöl

Salz und Pfeffer

WALDORFSALAT MIT RINDER-FILETSTREIFEN

Eine große Pfanne bei mittlerer Hitze erwärmen. Die Steaks von beiden Seiten mit etwas Öl bestreichen und mit Pfeffer würzen. In die heiße Pfanne legen und unter häufigem Wenden 6–7 Minuten (für blutig) oder 8–10 Minuten (für medium) braten; dabei weitere ein- bis zweimal mit Öl bestreichen. Die Steaks aus der Pfanne nehmen und ruhen lassen.

In der Zwischenzeit Senf und Mayonnaise in einer Schüssel verrühren. Den Zitronensaft in eine große Schüssel geben. Die Äpfel schälen, entkernen, in Würfel schneiden und im Zitronensaft wenden. Mayonnaisenmischung, Sellerie und Walnüsse zugeben und alles gründlich vermengen.

Die Salatblätter auf 4 Teller verteilen und den Waldorfsalat darauf anrichten. Die Steaks in feine Scheiben schneiden und auf dem Waldorfsalat verteilen. Sofort mit Brot servieren.

FÜR 4 PERSONEN

2 Rinderfiletsteaks (à 200 g), 2,5 cm dick

Oliven- oder Sonnenblumenöl, zum Einfetten

Pfeffer

1 EL körniger Senf

150 ml Mayonnaise

1 EL Zitronensaft

500 g Äpfel

4 Selleriestangen, in feine Scheiben geschnitten

50 g Walnusskerne, in Stücke gebrochen

100 g gemischte grüne Salatblätter

frisches Roggenmischbrot, zum Servieren

WARMER SPECK-EIER-SALAT

FÜR 4 PERSONEN

2 Romanasalate, grob in Stücke gezupft

4 Eier

2 EL Sonnenblumenöl

2 dicke Scheiben Weißbrot, Rinde entfernt und gewürfelt

225 g geräucherter Speck, gewürfelt

12 Kirschtomaten, halbiert

Dressing

2 EL natives Olivenöl extra

1 EL Rotweinessig

1 TL Dijon-Senf

Pfeffer

Für das Dressing alle Zutaten in ein kleines Schraubglas füllen und gut schütteln. Die Salatblätter in eine große Schüssel füllen.

Die Eier in einem Topf mit kaltem Wasser bedecken. Zum Kochen bringen und 4 Minuten garen. Dann abgießen und die Eier 2 Minuten in kaltem Wasser abschrecken. Anschließend schälen und vierteln.

Das Öl in einer großen Pfanne erhitzen und die Brotwürfel darin unter häufigem Rühren 3–4 Minuten goldbraun dünsten. Mit einem Schaumlöffel herausheben und beiseitestellen.

Die Speckwürfel in die Pfanne geben und bei mittlerer bis hoher Hitze knusprig braten. Tomaten und Dressing zufügen und 1 Minute mitgaren.

Das Dressing über den Salat geben und alles vorsichtig wenden. Die geviertelten Eier zugeben und die Croûtons darüberstreuen. Sofort servieren.

EISBERGSALAT MIT TOMATE & SPECK

Den Backofengrill sehr stark erhitzen und die Speckscheiben unter dem Grill 3–4 Minuten knusprig rösten, dabei einmal wenden.

Für das Dressing Mayonnaise, saure Sahne, Milch und Senf in einer Schüssel glatt rühren und mit Salz und Pfeffer würzen.

Salatspalten, Tomaten und Gurke auf 4 Servierteller verteilen. Die Avocadoscheiben im Zitronensaft wenden und zum Salat geben.

Mit dem Dressing beträufeln. Die Speckscheiben halbieren und den Salat damit krönen. Nach Belieben mit dem Käse bestreuen und sofort servieren.

FÜR 4 PERSONEN

8 Scheiben Frühstücksspeck

1 Eisbergsalat, in 12 Spalten geschnitten

2 Fleischtomaten, in Spalten geschnitten

¼ Salatgurke, in dünne Scheiben geschnitten

½ reife Avocado, in Scheiben geschnitten

1 EL Zitronensaft

80 g mittelalter Gouda, grob gerieben (nach Belieben)

Dressing

4 EL Mayonnaise

2 EL saure Sahne

1 EL Milch

2 TL grober Senf

Salz und Pfeffer

SPINATSALAT MIT KNUSPRIGEM SPECK

Die Hälfte des Olivenöls in einer Pfanne erhitzen. Die Speckstreifen hineingeben und 3–4 Minuten knusprig braten. Mit einem Schaumlöffel herausnehmen und auf Küchenpapier abtropfen lassen.

Nun die Brotwürfel in die Pfanne geben und 4 Minuten anbräunen. Mit einem Schaumlöffel aus der Pfanne nehmen und auf Küchenpapier abtropfen lassen.

Das restliche Öl in der Pfanne erhitzen. Den Spinat zugeben und etwa 3 Minuten unter Rühren anbraten, bis er zusammenfällt. In eine Salatschüssel füllen und mit Speckstreifen und Croûtons bestreuen. Sofort servieren.

FÜR 4 PERSONEN

4 EL Olivenöl

4 Scheiben Frühstücksspeck, in Streifen geschnitten

1 dicke Scheibe Weißbrot, Rinde entfernt, gewürfelt

500 g Blattspinat

SALAT MIT BIRNEN & KNUSPERSPECK

FÜR 4 PERSONEN

- 2 Williamsbirnen, in feine Spalten geschnitten
- 1 EL Zitronensaft
- 4 Scheiben magerer Frühstücksspeck
- 75 g Walnusshälften
- 175 g Brunnenkresse, geputzt

Dressing

- 3 EL natives Olivenöl extra
- 2 EL Zitronensaft
- ½ TL Honig
- Salz und Pfeffer

Die Birnenspalten mit dem Zitronensaft beträufeln und beiseitestellen.

Den Backofengrill vorheizen. Die Speckscheiben auf ein mit Alufolie ausgelegtes Backblech legen und von beiden Seiten knusprig braun grillen. Abkühlen lassen und in 1 cm breite Streifen schneiden.

Eine beschichtete Pfanne erhitzen und die Walnüsse darin kurz rösten, bis sie goldbraun sind. Abkühlen lassen.

Brunnenkresse, Walnüsse, Birnen und Speck in eine Salatschüssel geben.

Alle Zutaten für das Dressing in einer Schüssel verrühren und über den Salat gießen. Gut vermengen und sofort servieren.

SALAT MIT KALTEM BRATEN & KÜRBIS

Den Backofen auf 200 °C vorheizen. Den Kürbis vierteln, Kerne und Fasern mit einem Löffel herauslösen, in etwa 4 cm breite Spalten schneiden und nach Belieben schälen. Kürbis und Zwiebeln auf einem Backblech verteilen, Olivenöl darüberträufeln und 25–30 Minuten im Ofen backen. Der Kürbis sollte zwar gar, aber nicht zu weich sein. Aus dem Ofen nehmen und vollständig auskühlen lassen. Dann in mundgerechte Stücke schneiden.

In einem kleinen Topf Salzwasser zum Kochen bringen und die Bohnen darin 10 Minuten bissfest garen. Abgießen, unter fließend kaltem Wasser abschrecken und abtropfen lassen.

Für die Vinaigrette alle Zutaten in ein Schraubglas füllen und kräftig schütteln.

Kürbis, Zwiebeln, Bohnen, Schweinebraten, Rucola, Feta, Pinienkerne und Petersilie in eine große Schüssel geben und vorsichtig vermengen. Das Dressing über den Salat gießen und nochmals vermengen. Sofort servieren.

FÜR 4–6 PERSONEN

1 kleiner Hokkaido-Kürbis (1,5 kg)

2 rote Zwiebeln, in Spalten geschnitten

3–4 EL Olivenöl

Salz

100 g grüne Bohnen, halbiert

600 g kalter Schweinebraten, in dünne Scheiben geschnitten

1 Handvoll Rucola

100 g Feta, zerbröselt

2 EL geröstete Pinienkerne

2 EL frisch gehackte Petersilie

Vinaigrette

6 EL natives Olivenöl extra

3 EL Balsamicoessig

½ TL Zucker

½ TL Dijon-Senf oder körniger Senf

Salz und Pfeffer

SALAT AUS ANTIPASTI

FÜR 4 PERSONEN

4 kleine Tomaten, geviertelt

25 g entsteinte schwarze Oliven, halbiert

275 g Artischockenherzen in Öl

25 g getrocknete Tomaten in Öl

40 g Parmaschinken

eine Handvoll Basilikum, fein gehackt, plus ein paar Blätter zum Garnieren

frisches Baguette, zum Servieren

Dressing

3 EL Olivenöl

1 EL Weißweinessig

1 Knoblauchzehe, zerdrückt

½ TL milder Senf

1 TL Honig

Salz und Pfeffer

Tomatenviertel und Oliven in eine große Schüssel geben. Artischockenherzen und getrocknete Tomaten abtropfen lassen. Die Artischockenherzen vierteln. Getrocknete Tomaten und Parmaschinken in feine Streifen schneiden. Alles ebenfalls in die Schüssel geben. Basilikum zugeben und gut vermengen.

Die Zutaten für das Dressing in ein Schraubglas füllen und kräftig schütteln. Über den Salat gießen und gut vermengen. Den Salat mit Basilikumblättern garnieren und sofort mit frischem Baguette servieren.

PARMASCHINKEN MIT SALAMI & FEIGEN

Die Feigen waschen, den Stiel etwas kappen und die Früchte vierteln.

Schinken und Salami auf einer großen Servierplatte anrichten.

Kräuter und Rucola waschen, trocken tupfen und mit den Feigen in eine Schüssel geben.

Zitronensaft, Olivenöl, Salz und Pfeffer in einer kleinen Schüssel verquirlen und über die Rucolamischung gießen. Vorsichtig vermengen.

Feigen und Salat über dem Aufschnitt auf der Servierplatte verteilen und mit frischem Brot servieren.

FÜR 4 PERSONEN

9–12 reife Feigen

6 dünne Scheiben Parmaschinken

12 dünne Salamischeiben

einige frische Basilikumzweige

einige frische Minzezweige

1 kleines Bund Rucola

frisches Brot, zum Servieren

Dressing

2 EL frisch gepresster Zitronensaft

4 EL natives Olivenöl extra

Salz und Pfeffer

NUDELSALAT MIT SALAMI

FÜR 4–6 PERSONEN

Salz und Pfeffer

350 g Penne

2 EL Pesto

3 EL Olivenöl

1 orangefarbene Paprika, entkernt und gewürfelt

1 gelbe Paprika, entkernt und gewürfelt

1 rote Zwiebel, fein gewürfelt

80 g entsteinte schwarze Oliven

110 g Kirschtomaten, halbiert

175 g Mailänder Salami, in kleinen Stücken

125 g Mozzarella, in kleine Stücke gezupft

frisches Basilikum, zum Garnieren

In einem großen Topf leicht gesalzenes Wasser zum Kochen bringen. Die Nudeln hineingeben und das Wasser erneut aufkochen. 10–12 Minuten garen, abgießen und in eine Schüssel füllen. Pesto und Olivenöl unter die heißen Nudeln rühren, dann unter gelegentlichem Rühren abkühlen lassen.

Paprika, Zwiebel, Oliven, Tomaten, Salami und Mozzarella zu den Nudeln geben und alles gut durchheben. Mit Salz und Pfeffer würzen und mit Basilikum servieren.

BOHNENSALAT MIT CHORIZO

FÜR 2 PERSONEN

1 EL Sonnenblumenöl

1 kleine Zwiebel, in dünne Ringe geschnitten

250 g Riesenbohnen aus der Dose, abgespült und abgetropft

1 TL Balsamicoessig

2 Chorizo-Würstchen, diagonal in Scheiben geschnitten

1 kleine Tomate, gewürfelt

2 EL Harissa (nordafrikanische Gewürzpaste)

1 Handvoll Rucola

40 g gemischte Kräuter, z. B. Petersilie und Dill

Das Öl in einer Pfanne erhitzen und die Zwiebel darin weich dünsten. Die Bohnen zugeben und 1 Minute mitgaren. Den Essig unterrühren, vom Herd nehmen und warm halten.

Eine zweite Pfanne erhitzen und die Chorizo-Scheiben unter gelegentlichem Rühren kurz anbräunen. Herausnehmen und beiseitestellen.

Tomatenwürfel und Harissa in einer Schale vermengen. Rucola und Salatkräuter auf 2 Servierteller verteilen. Bohnen und Chorizo darauf anrichten. Die Tomaten-Harissa-Mischung darübergeben und sofort servieren.

NUDELSALAT MIT PIKANTER WURST

In einem großen Topf leicht gesalzenes Wasser aufkochen. Die Conchiglie darin mit 1 Esslöffel Olivenöl 8–10 Minuten kochen, bis sie al dente sind. Abgießen, unter kaltem Wasser abschrecken und abtropfen lassen.

Das restliche Olivenöl in einem Topf erhitzen und die Zwiebel darin bei schwacher Hitze glasig dünsten. Knoblauch, Paprika und Wurstscheiben zugeben und 3–4 Minuten dünsten, dabei gelegentlich umrühren.

Wein, Essig und Nudeln unterrühren und kurz aufkochen.

Die Salatblätter auf Tellern anrichten, die Nudelmischung darübergeben und nach Belieben mit Salz bestreuen. Sofort servieren.

FÜR 4 PERSONEN

Salz

125 g Conchiglie

2 EL natives Olivenöl extra

1 Zwiebel, gehackt

2 Knoblauchzehen, sehr fein gehackt

1 kleine gelbe Paprika, in feine Streifen geschnitten

175 g pikante Wurst, z. B. Chorizo oder Peperonisalami, gehäutet und in Scheiben geschnitten

2 EL Rotwein

1 EL Rotweinessig

125 g gemischte Salatblätter

KARTOFFEL-WÜRSTCHEN-SALAT

Die Kartoffeln in einem Topf mit kaltem Wasser bedecken. Zum Kochen bringen, abdecken und 15 Minuten sanft köcheln.

Unterdessen das Sonnenblumenöl in einer großen Pfanne erhitzen und die Würste darin 5 Minuten braten, dabei einmal wenden. Die Zwiebeln zufügen und weitere 8–10 Minuten unter häufigem Rühren braten, bis die Würste gar und die Zwiebeln goldgelb und zart sind. Würstchen und Zwiebeln aus der Pfanne heben und auf Küchenpapier abtropfen lassen. Jede Wurst schräg in 4 Stücke schneiden.

Die Kartoffeln abgießen und mit Würstchen und Zwiebeln in eine große Schüssel füllen.

Für das Dressing alle Zutaten in ein kleines Schraubglas füllen und gut schütteln. Über den Salat träufeln und alles gut durchheben. Nach Belieben mit Petersilie garnieren und sofort servieren.

FÜR 4 PERSONEN

700 g neue Kartoffeln, halbiert

Sonnenblumenöl

6 grobe Bratwürste

2 Zwiebeln, in dünne Spalten geschnitten

frisch gehackte glatte Petersilie, zum Garnieren (nach Belieben)

Dressing

4 EL Olivenöl

1 EL Weißweinessig

2 TL grober Senf

2 TL flüssiger Honig

Salz und Pfeffer

ARTISCHOCKEN-SALAT MIT CHORIZO & MELONE

FÜR 8 PERSONEN

12 Babyartischocken, Stiele und äußere Blätter entfernt und die Blattspitzen abgeschnitten

Saft von einer ½ Zitrone

2 EL Olivenöl

200 g Chorizo-Würstchen, gehäutet und in Stücke geschnitten

1 kleine Cantaloupe- oder Netzmelone

frischer Estragon oder glatte Petersilie, zum Garnieren

Dressing

3 EL natives Olivenöl extra

1 EL Rotweinessig

1 TL Senf

1 EL frisch gehackter Estragon oder glatte Petersilie

Salz und Pfeffer

Die Artischocken vierteln und mit dem Zitronensaft beträufeln.

Das Olivenöl in einer Pfanne erhitzen und die Artischocken darin unter häufigem Wenden 5 Minuten andünsten. Die Chorizo zugeben und 1 Minute mitbraten. In eine Salatschüssel geben und auskühlen lassen.

Die Melone vierteln, entkernen und schälen. Das Fruchtfleisch in mundgerechte Stücke schneiden und mit in die Schüssel geben.

Für das Dressing alle Zutaten in einer Schüssel verrühren und über den Salat gießen. Den Salat vorsichtig vermengen und mit Estragon garnieren. Sofort servieren.

LAMM MIT JOGHURT-DRESSING

Öl, Tomatenmark, Kreuzkümmel, Zitronensaft, Knoblauch, Cayenne-Pfeffer, Salz und Pfeffer in einer großen Schüssel verrühren. Das Lammfleisch darin wenden, die Schüssel abdecken und mindestens 2 Stunden oder über Nacht im Kühlschrank marinieren.

Für das Dressing Zitronensaft und Honig verrühren, bis sich der Honig aufgelöst hat. Joghurt und Kräuter unterrühren und mit Salz und Pfeffer abschmecken. Abdecken und bis zum Gebrauch kühl stellen.

Den Backofengrill vorheizen. Das Lammfleisch aus dem Kühlschrank nehmen. Den Grillrost leicht mit Öl bestreichen und eine Fettpfanne darunterschieben. Das Fleisch 5–6 Minuten von jeder Seite grillen, bis es innen noch leicht rosa ist. Aus dem Ofen nehmen und abkühlen lassen.

Das Lammfilet in dünne Scheiben schneiden und auf 4 Servierteller verteilen. Mit dem Dressing beträufeln, mit Sesam und Petersilie bestreuen und servieren.

FÜR 4 PERSONEN

2 EL Sonnenblumenöl, plus etwas mehr zum Grillen

1 EL Tomatenmark

½ EL gemahlener Kreuzkümmel

1 TL Zitronensaft

1 Knoblauchzehe, zerdrückt

1 Prise Cayenne-Pfeffer

Salz und Pfeffer

500 g Lammfilet, pariert

Joghurtdressing

2 EL Zitronensaft

1 TL Honig

75 g Joghurt (10 % Fett)

2 EL frisch gehackte Minze

2 EL frisch gehackte Petersilie

1 EL frisch gehackter Schnittlauch

Salz und Pfeffer

Zum Garnieren

geröstete Sesamsaat

Petersilienzweig

GEFLÜGEL

HÄHNCHEN-KARTOFFEL-SALAT

Die Kartoffeln in einen großen Topf mit Salzwasser geben und zum Kochen bringen. Den Topf abdecken und die Kartoffeln etwa 15–20 Minuten gar kochen. Abgießen, abtropfen und abkühlen lassen.

Salzwasser in einem kleinen Topf zum Kochen bringen und die Zucchinischeiben darin 3 Minuten bissfest garen. Abgießen, unter fließend kaltem Wasser abschrecken und abtropfen lassen. Beiseitestellen.

Für das Dressing alle Zutaten in einer Schüssel verrühren.

Die Kartoffeln in Scheiben schneiden, vorsichtig mit dem Dressing vermengen und auf 4 Teller verteilen.

Erst Paprikastreifen und Zucchinischeiben darauf anrichten, dann Zwiebelringe und Tomatenscheiben. Zum Schluss das Hähnchenfleisch darauf verteilen und mit Schnittlauch garnieren. Sofort servieren.

FÜR 4 PERSONEN

750 g neue Kartoffeln, abgebürstet

Salz

2 kleine Zucchini, in Scheiben geschnitten

1 rote Paprika, in Streifen geschnitten

1 grüne Paprika, in Streifen geschnitten

1 kleine Zwiebel, in dünne Ringe geschnitten

3 Tomaten, in Scheiben geschnitten

350 g gegartes Hühnchenfleisch, in Scheiben geschnitten

frisch gehackter Schnittlauch, zum Garnieren

Dressing

150 g Naturjoghurt

3 EL Mayonnaise

1 EL frisch gehackter Schnittlauch

Salz und Pfeffer

HÜHNCHENSALAT MIT NÜSSEN & KÄSE

FÜR 4 PERSONEN

150 g Rucola

2 Selleriestangen, in Scheiben geschnitten

½ Gurke, in dünne Scheiben geschnitten

2 Frühlingszwiebeln, in Ringe geschnitten

2 EL frisch gehackte Petersilie

25 g Walnusskerne

350 g gegartes Hähnchenbrustfilet, in Scheiben geschnitten

125 g Blauschimmelkäse, z. B. Gorgonzola, zerkrümelt

kernlose rote Trauben, halbiert

Salz und Pfeffer

Dressing

2 EL Olivenöl

1 EL Sherryessig

1 TL Dijon-Senf

1 EL frisch gehackte Salatkräuter

Den Rucola waschen, abtropfen lassen und in eine große Salatschüssel geben. Sellerie, Gurke, Frühlingszwiebeln, Petersilie und Walnüsse zugeben und alles gut vermengen. Hähnchenscheiben, Käse und Trauben darübergeben, mit Salz und Pfeffer abschmecken.

Für das Dressing alle Zutaten in ein Schraubglas füllen und kräftig schütteln. Über den Salat gießen und nochmals mischen. Sofort servieren.

SALAT VON GERÄUCHERTEM HÜHNCHEN

Für das Dressing Avocado, Zitronensaft und Essig mit dem Pürierstab glatt pürieren. Joghurt, Knoblauch und Estragon zugeben und nochmals pürieren. Mit Salz und Pfeffer würzen. In eine Schüssel füllen und mit Frischhaltefolie abdecken. 2 Stunden im Kühlschrank ziehen lassen.

Die Tomatenscheiben auf 4–6 Servierteller geben. Zunächst das Hähnchenfleisch, dann Brunnenkresse und Bohnensprossen darüber verteilen. Mit Petersilie oder Koriander garnieren.

Das Dressing über den Salat gießen und sofort servieren.

FÜR 4–6 PERSONEN

2 große Fleischtomaten, in Scheiben geschnitten

600 g geräuchertes oder gebratenes Hähnchenbrustfilet, in Scheiben geschnitten

250 g Brunnenkresse

75 g Bohnensprossen, 20 Minuten in kaltem Wasser eingeweicht und abgetropft

einige Zweige glatte Petersilie oder Koriander, zum Garnieren

Dressing

1 Avocado

2 EL Zitronensaft

1 EL Estragonessig

75 g Joghurt (10 % Fett)

1 Knoblauchzehe, zerdrückt

1 EL frisch gehackter Estragon

Salz und Pfeffer

HÜHNCHEN-AVOCADO-SALAT

Für das Dressing alle Zutaten in ein kleines Schraubglas füllen und gut schütteln.

Die Salatblätter in eine Schüssel füllen und behutsam in etwa einem Drittel des Dressings wenden. Hühnerfleisch, Satsumas, Sellerie, Zwiebel, Schnittlauch und das verbliebene Dressing zufügen und alles nochmals durchheben.

Die Avocado halbieren, entkernen und schälen. Das Fruchtfleisch in dünne Scheiben schneiden, zum Salat geben und nochmals behutsam durchheben. Die Avocados müssen vollständig mit Dressing überzogen sein, so wird eine Braunfärbung verhindert.

Auf einzelne Servierteller verteilen, mit den Sonnenblumenkernen bestreuen und mit den Pita-Ecken servieren.

FÜR 4 PERSONEN

125 g gemischte Salatblätter, z. B. Blätter von Roten Beten, Endivie, Eskariol, Frisée und Radicchio

400 g gekochtes, entbeintes Hühnerfleisch, in Stücke gezupft

2 Satsumas, filetiert

2 Selleriestangen, in dünne Scheiben geschnitten

½ rote Zwiebel, halbiert und in dünne Ringe geschnitten

2 EL feine Schnittlauchröllchen

2 Avocados

geröstete Sonnenblumenkerne, zum Garnieren

Pita-Ecken, zum Servieren

Dressing

125 ml natives Olivenöl extra

3 EL chinesischer Reisweinessig

½ TL Dijon-Senf

Salz und Pfeffer

BUNTER SALAT MIT HÄHNCHEN

Öl, Tomatensauce, Honig, Worcestersauce und Senfpulver in einer flachen Schüssel gut verrühren. Mit Salz und Pfeffer würzen. Das Hühnerfleisch gut darin wenden. Abdecken und 3–4 Stunden oder über Nacht im Kühlschrank marinieren.

Den Backofen auf 200 °C vorheizen. Das Hühnerfleisch auf einen Rost über eine Fettpfanne setzen. Verbliebene Marinade darübergeben und das Fleisch 40–45 Minuten im vorgeheizten Ofen schmoren, bis es gar und außen knusprig braun ist. 5 Minuten abkühlen lassen.

Salatblätter, Karotten, Mais und Paprika auf 4 Servierteller verteilen. Für das Dressing saure Sahne und Schnittlauch in einer kleinen Schüssel glatt rühren und mit Salz und Pfeffer würzen.

Das Fleisch in dünne Scheiben schneiden und auf den Salat legen. Nach Belieben mit frischem Schnittlauch servieren.

FÜR 4 PERSONEN

1 EL Olivenöl

4 EL Tomatensauce

1 EL flüssiger Honig

1 EL Worcestersauce

1 TL Senfpulver

Salz und Pfeffer

4 Hähnchenbrustfilets mit Haut (à 140 g)

4 Romanasalatherzen, in einzelne Blätter getrennt

4 Karotten, grob gehackt

6 EL Maiskörner aus der Dose, abgetropft

½ rote Paprika, in dünne Streifen geschnitten

Schnittlauchröllchen, zum Garnieren (nach Belieben)

Dressing

6 EL saure Sahne

2 EL feine Schnittlauchröllchen

TEX-MEX-HÜHNCHENSALAT

FÜR 4 PERSONEN

450 g Hähnchenbrustfilet, in Scheiben geschnitten

2 EL Limettensaft

2 EL Olivenöl

je 1 TL Pfeffer, getrockneter Oregano und mildes Chilipulver

1 Zwiebel, in dünne Spalten geschnitten

1 rote Paprika, in dicke Streifen geschnitten

200 g gemischte Salatblätter

Limettenscheiben und saure Sahne, zum Servieren

Avocadosalsa

1 reife Avocado, fein gewürfelt

2 reife Tomaten, fein gehackt

1 EL frisch gehackte Korianderblätter

1 EL Limettensaft

Salz und Pfeffer

Für die Avocadosalsa die Avocado in eine kleine Schüssel geben und mit Tomaten, Koriander und Limettensaft mischen. Mit Salz und Pfeffer würzen. Die Schüssel sorgfältig mit Frischhaltefolie schließen und in den Kühlschrank stellen.

Fleisch, Limettensaft, Öl, Pfeffer, Oregano und Chilipulver in eine Schüssel geben und gut vermengen. Abdecken und 1 Stunde bei Zimmertemperatur marinieren.

Eine gusseiserne Grillpfanne sehr stark erhitzen und die Fleischscheiben darin 5–6 Minuten unter gelegentlichem Wenden braten, bis das Fleisch gar und außen knusprig braun ist. Aus der Pfanne nehmen und warm halten. Zwiebel und Paprika in die Pfanne geben und unter einmaligem Wenden 3–4 Minuten grillen, bis das Gemüse gerade weich ist.

Die Salatblätter auf 4 Servierteller verteilen und Fleisch, Zwiebel und Paprika daraufgeben. Sofort mit Avocadosalsa, Limettenscheiben und saurer Sahne servieren.

NUDELSALAT MIT HONIG & HÜHNCHEN

Für das Dressing alle Zutaten in einer kleinen Schüssel verquirlen.

In einem großen Topf leicht gesalzenes Wasser zum Kochen bringen. Die Nudeln hineingeben, das Wasser erneut aufkochen und die Nudeln 10–12 Minuten garen, bis sie al dente sind.

Unterdessen das Öl in einer großen Pfanne erhitzen und Zwiebel und Knoblauch darin 5 Minuten braten. Das Fleisch hinzufügen und unter häufigem Rühren 3–4 Minuten mitbraten, bis es fast gar ist. Senf und Honig in die Pfanne geben und 2–4 Minuten köcheln, bis Hühnerfleisch und Zwiebel goldbraun sind.

Die Nudeln abgießen und in eine Salatschüssel füllen. Mit dem Dressing übergießen und alles gut wenden. Hühnerfleisch und Zwiebel unterrühren und abkühlen lassen.

Tomaten und die Mizuna-Blätter unter den Salat heben. Mit Thymian garniert servieren.

FÜR 4 PERSONEN

Salz

250 g Fusilli

2 EL Olivenöl

1 Zwiebel, in dünne Ringe geschnitten

1 Knoblauchzehe, zerdrückt

400 g Hähnchenbrustfilet, in dünnen Scheiben

2 EL grober Senf

2 EL flüssiger Honig

175 g Kirschtomaten, halbiert

1 Handvoll Mizuna- oder Rucolablätter

frische Thymianzweige, zum Garnieren

Dressing

3 EL Olivenöl

1 EL Sherryessig

2 TL flüssiger Honig

1 EL frisch gehackter Thymian

Salz und Pfeffer

MARINIERTER HÜHNCHENSALAT

Den Backofen auf 180 °C vorheizen. Das Olivenöl in einem Bräter bei mittlerer Hitze erwärmen. Das Hähnchen 15 Minuten von allen Seiten anbräunen. Mit dem Wein ablöschen und 2 Minuten köcheln lassen. Gemüse und Lorbeerblatt zugeben und mit Salz und Pfeffer abschmecken. Den Topf abdecken und in den Ofen stellen. Etwa 1 Stunde schmoren, dabei das Hühnchen alle 20 Minuten wenden. (Es ist gar, wenn beim Anstechen an der dicksten Stelle klarer Fleischsaft austritt.)

Das Hühnchen aus dem Backofen nehmen, abkühlen lassen und auf einen Teller heben. Die Haut ablösen. Garsud, Gemüse und Haut entsorgen. Das Fleisch auslösen und in mundgerechte Stücke schneiden.

Zum Marinieren das Fleisch mit Salz, Pfefferkörnern und Lorbeerblättern in eine Schüssel geben und mit Öl bedecken. Die Schüssel fest mit Frischhaltefolie abdecken und für 1–2 Tage in den Kühlschrank stellen. Die Schüssel 2 Stunden vor dem Servieren aus dem Kühlschrank nehmen und das Fleisch abtropfen lassen.

Für den Salat Spinat, Sellerie und Chicorée zerkleinern und in einer Schüssel mischen. Olivenöl, Weißweinessig, Balsamico und Salz in einer Schüssel verquirlen, über den Salat gießen und gut vermengen. Auf Servierschalen anrichten und das Fleisch daraufgeben. Mit Balsamico beträufeln und sofort servieren.

FÜR 4 PERSONEN

3 EL natives Olivenöl extra

1 Poularde, etwa 1,3 kg

200 ml trockener Weißwein

1 Zwiebel, gehackt

1 Karotte, gehackt

1 Selleriestange, gehackt

1 frisches Lorbeerblatt

Salz und Pfeffer

Marinade

Salz

1 TL schwarze Pfefferkörner

4 frische Lorbeerblätter

125 ml natives Olivenöl extra

Salat

150 g junge Spinatblätter

5 zarte Selleriestangen

1 Chicorée

Dressing

2 EL natives Olivenöl extra

1 TL Weißweinessig

1 TL Balsamicoessig, plus etwas mehr zum Garnieren

Salz

HÄHNCHENSALAT MIT ROSINEN & PINIENKERNEN

FÜR 6–8 PERSONEN

4 große Hähnchenbrustfilets (à 125 g)

5 EL Olivenöl

1 Knoblauchzehe, fein gehackt

150 g Pinienkerne

Salz und Pfeffer

1 Bund glatte Petersilie, fein gehackt

Dressing

50 ml Rotweinessig

25 g Zucker

1 Lorbeerblatt

Schale von 1 unbehandelten Zitrone

175 g Rosinen

75 ml natives Olivenöl extra

Für das Dressing Essig, Zucker, Lorbeerblatt und Zitronenschale in einem kleinen Topf aufkochen, dann vom Herd nehmen. Die Rosinen einrühren und abkühlen lassen.

Wenn das Dressing abgekühlt ist, die Hähnchenbrustfilets quer zur Faser in dünne Scheiben schneiden. Das Olivenöl in einer großen Pfanne erhitzen, das Hähnchen hineingeben und bei mittlerer Hitze 8–10 Minuten braten, dabei häufig wenden. Das Fleisch sollte goldbraun aussehen.

Knoblauch und Pinienkerne zugeben und unter gelegentlichem Rütteln der Pfanne anbräunen. Mit Salz und Pfeffer abschmecken.

Lorbeerblatt und Zitronenschale aus dem Dressing entfernen und das Dressing in eine große Schüssel geben. Das native Olivenöl extra zugeben und verquirlen. Mit Salz und Pfeffer abschmecken.

Die Hähnchenmischung und die Petersilie zugeben. Alles gut durchmischen und direkt warm servieren oder abdecken und vor dem Servieren für 2–3 Stunden in den Kühlschrank stellen.

COUSCOUS-SALAT MIT PUTENBRUST

Den Couscous in eine große, hitzebeständige Schüssel füllen und mit kochendem Wasser bedecken. Gut umrühren, dann abdecken und etwa 15 Minuten ziehen lassen, bis die gesamte Flüssigkeit aufgesogen ist. Entstandene Klumpen mit einer Gabel auflockern und 3 Esslöffel Olivenöl und Essig unterrühren. Mit reichlich Salz und Pfeffer würzen.

Das verbliebene Öl in einer großen Pfanne erhitzen und Putenfleisch und Harissa darin 3 Minuten unter häufigem Wenden anbraten, bis das Fleisch nicht mehr rosa aussieht. Zucchini und Zwiebel zufügen und weitere 10–12 Minuten braten, bis Fleisch und Gemüse goldbraun und gar sind.

Fleisch und Gemüse mit Aprikosen und Pinienkernen unter den Couscous rühren. 10 Minuten kalt stellen, dann den gehackten Koriander unterheben und nochmals mit Salz und Pfeffer abschmecken. Den Couscoussalat auf kleine Servierschalen verteilen und mit Korianderzweigen garnieren.

FÜR 4 PERSONEN

225 g Couscous

5 EL Olivenöl

3 EL Rotweinessig

Salz und Pfeffer

350 g Putenbrustfilet, gewürfelt

1 TL Harissa

175 g Zucchini, gewürfelt

1 Zwiebel, gehackt

110 g getrocknete Aprikosen, gehackt

2 EL geröstete Pinienkerne

2 EL frisch gehackter Koriander

frische Korianderzweige, zum Garnieren

REISSALAT MIT PUTENBRUST-STREIFEN

Von der Hühnerbrühe 4 Esslöffel zurückbehalten, den Rest in einem großen Topf zum Kochen bringen. Den Reis zugeben und 20–30 Minuten garen. Abgießen, abtropfen und abkühlen lassen.

Währenddessen 1 Esslöffel Öl in einem Wok oder einer großen Pfanne mit Deckel erhitzen. Die Putenstreifen darin 4–5 Minuten braten, bis sie durchgegart sind. Mit einem Schaumlöffel herausnehmen und in eine Servierschüssel geben. Zuckererbsen und Pilze in den Wok geben und kurz anbraten. Die zurückbehaltene Brühe zugießen und zum Kochen bringen. Die Hitze reduzieren, den Wok bedecken und alles 3–4 Minuten garen. Das Gemüse zu den Putenstreifen geben.

Reis, Pistazien, Koriander, Schnittlauch, restliches Öl und Essig in die Schüssel füllen und vermengen. Mit Salz und Pfeffer abschmecken, mit Schnittlauch garnieren und servieren.

FÜR 4 PERSONEN

1 l Hühnerbrühe

175 g Langkorn- und Wildreis gemischt

2 EL Sonnenblumen- oder Maiskeimöl

250 g Putenbrustfilet, in feine Streifen geschnitten

250 g Zuckererbsen

120 g Austernpilze, in Stücke geschnitten

50 g Pistazienkerne, gehackt

2 EL frisch gehackter Koriander

1 EL frisch gehackter chinesischer Schnittlauch, plus etwas mehr zum Garnieren

1 EL Balsamicoessig

Salz und Pfeffer

SALAT MIT ENTENBRUST

FÜR 4 PERSONEN

2 Entenbrustfilets

1 Kopfsalat, zerpflückt

120 g Bohnensprossen

1 gelbe Paprika, in feine Streifen geschnitten

½ Gurke, entkernt und in Stifte geschnitten

Zum Garnieren

2 TL abgeriebene Limettenschale

2 EL geröstete Kokosraspel

Dressing

Saft von 2 Limetten

3 EL thailändische Fischsauce

1 EL brauner Zucker

2 TL süße Chilisauce

2,5-cm-Stück Ingwerwurzel, fein gerieben

3 EL frisch gehackte Minze

3 EL frisch gehacktes Basilikum

Den Backofen auf 200 °C vorheizen. Die Entenbrustfilets auf den Grillrost legen und die Fettpfanne des Backofens darunterschieben. 20–30 Minuten braten, bis der gewünschte Gargrad erreicht und die Haut ganz kross ist. Aus dem Ofen nehmen und abkühlen lassen.

Salatblätter, Bohnensprossen, Paprika und Gurke in einer großen Salatschüssel vermengen. Die Entenbrustfilets in Scheiben schneiden und zum Salat geben.

Für das Dressing alle Zutaten in einer Schüssel verrühren und über den Salat gießen. Gut vermengen.

Den Salat mit Limettenschale und Kokosraspeln bestreuen und servieren.

SALAT MIT ENTENBRUST, ORANGEN & SCHALOTTEN

Eine Orange halbieren und auspressen. Von der anderen Orange mit einem Sägemesser Schale und weiße Haut entfernen. Das Fruchtfleisch halbieren und in dünne Scheiben schneiden.

Den Backofen auf 200 °C vorheizen. Die Entenbrustfilets mit Salz und Pfeffer würzen. Eine schwere Pfanne erhitzen und die Entenbrustfilets mit der Hautseite nach unten darin bei mittlerer bis starker Hitze 5–6 Minuten braten, bis die Haut goldbraun ist. Wenden und 1 weitere Minute braten. Die Entenbrustfilets in einen flachen Bräter setzen und im vorgeheizten Ofen 10 Minuten garen, bis das Fleisch rosa ist. Soll das Fleisch durchgebraten sein, einige Minuten länger garen. Herausnehmen.

Den Bräter auf den Herd stellen, die Schalotten hineingeben und im Entenfett wenden. 7–8 Minuten sanft goldgelb braten. Mit einem Schaumlöffel herausheben und warm halten. Den Orangensaft in den Bräter gießen und zum Kochen bringen. Zucker, Öl und Essig unterrühren und 2–3 Minuten sirupartig einkochen. Mit Salz und Pfeffer würzen.

Spinat, Mangold und Orangenscheiben auf 4 Servierteller verteilen. Jede Entenbrust in Scheiben schneiden und mit den Schalotten auf den Salat legen. Mit dem warmen Dressing beträufeln und sofort servieren.

FÜR 4 PERSONEN

2 große Orangen

4 Entenbrustfilets (à 175 g)

Salz und Pfeffer

12 kleine Schalotten, halbiert

1 EL Zucker

2 EL Olivenöl

1 EL Rotweinessig

50 g Babyspinat

50 g rote Babymangoldblätter

CHINAKOHL MIT ENTENBRUST

FÜR 4 PERSONEN

350 g kleine Entenbrustfilets

2 EL Mehl

Salz und Pfeffer

1 Ei

2 EL Wasser

2 EL Sesamsaat

3 EL Sesamöl

½ Chinakohl, in Streifen geschnitten

3 Selleriestangen, diagonal in feine Scheiben geschnitten

8 Radieschen, halbiert

frische Basilikumblätter, zum Garnieren

Dressing

abgeriebene Schale von 1 Limette

2 EL Limettensaft

2 EL Olivenöl

1 EL helle Sojasauce

1 EL frisch gehacktes Basilikum

Salz und Pfeffer

Die Filets vorsichtig mit einem Fleischklopfer oder einem Teigroller leicht plattieren.

Das Mehl auf einen flachen Teller streuen und mit etwas Salz und Pfeffer mischen. Ei und Wasser in einem tiefen Teller verquirlen. Die Sesamsaat in einen dritten Teller streuen.

Die Entenbrustfilets erst im Mehl, dann in der Eiermischung und zuletzt im Sesam wenden. Das Sesamöl in einer großen Pfanne erhitzen.

Die Filets etwa 4 Minuten von jeder Seite braten. Um zu prüfen, ob das Fleisch gar ist, dieses an der dicksten Stelle mit einem Messer einschneiden. Der austretende Saft sollte klar sein. Herausnehmen und auf Küchenpapier abtropfen lassen.

Für das Dressing alle Zutaten in einer Schüssel verrühren.

Chinakohl, Sellerie und Radieschen auf 4 Schalen verteilen. Die Filets in Scheiben schneiden und anrichten. Mit dem Dressing beträufeln und mit dem Basilikum garnieren. Sofort servieren.

SALAT MIT ENTE & CHILI

FÜR 4 PERSONEN

2 Entenkeulen (à 175 g)

300 ml kochendes Wasser

1 TL Fünf-Gewürze-Pulver

175 g Zuckererbsen

1 kleiner Eisbergsalat, fein geraspelt

2 Selleriestangen, in sehr dünne Scheiben geschnitten

6 Frühlingszwiebeln, in feine Ringe geschnitten

Dressing

1 EL Sonnenblumenöl

3 EL süße Chilisauce

1 EL Reisessig

Salz und Pfeffer

Den Backofen auf 200 °C vorheizen. Die Entenkeulen in einen Bräter geben und die Haut mit kochendem Wasser übergießen. Das Wasser abgießen und die Keulen mit Küchenpapier trocken tupfen.

Die Keulen mit Fünf-Gewürze-Pulver einreiben und 1¼ – 1½ Stunden im vorgeheizten Ofen schmoren, bis sie gar sind und die Haut goldbraun und knusprig ist. 10 Minuten abkühlen lassen.

Für das Dressing alle Zutaten in einer kleinen Schüssel verquirlen.

In einem kleinen Topf Wasser zum Kochen bringen und die Zuckererbsen darin 2 Minuten blanchieren. Abgießen und unter fließend kaltem Wasser abschrecken. Längs in Streifen schneiden und mit Salatblättern, Sellerie und fast allen Frühlingszwiebeln in einer Schüssel gut mischen.

Die Haut der Entenkeulen abziehen und in dünne Streifen schneiden. Dann das Fleisch mit zwei Gabeln von den Knochen lösen.

Den Salat auf eine Platte geben und Entenfleisch und knusprige Haut daraufgeben. Mit dem Dressing beträufeln und mit den restlichen Frühlingszwiebeln garnieren. Sofort servieren.

NUDELSALAT MIT ENTEN-BRUST & ERDNUSSSAUCE

Den Backofengrill stark erhitzen. Karotten, Sellerie und Gurke in dünne Streifen schneiden und beiseitestellen.

Die Entenbrustfilets auf jeder Seite etwa 5 Minuten unter dem vorgeheizten Backofengrill grillen, bis sie gar sind. Abkühlen lassen. Unterdessen alle Zutaten für die Erdnusssauce in einem kleinen Topf erhitzen, bis der Zucker aufgelöst ist. Die Sauce glatt rühren.

Das Entenfleisch in Scheiben schneiden und die Nudeln auf Servierschalen verteilen. Das beiseitegestellte Gemüse auf den Nudeln verteilen, mit den Entenbrustscheiben belegen und mit der Sauce beträufeln. Sofort servieren.

FÜR 3 PERSONEN

2 Karotten

2 Selleriestangen

1 Salatgurke

3 Entenbrustfilets (à 140 g)

350 g asiatische Reisnudeln, nach Packungsanweisung gegart, abgespült und abgetropft

Erdnusssauce

2 Knoblauchzehen, zerdrückt

2 EL dunkelbrauner Zucker

2 EL Erdnussbutter

2 EL Kokoscreme

2 EL Sojasauce

2 EL Reisessig

2 EL Sesamöl

½ TL Pfeffer

½ TL Fünf-Gewürze-Pulver

½ TL Ingwerpulver

FISCH & MEERESFRÜCHTE

SALADE NIÇOISE

FÜR 4 PERSONEN

2 EL Olivenöl

2 Thunfischsteaks (à 2 cm dick)

Salz und Pfeffer

250 g grüne Bohnen, in Stücke geschnitten

2 Romana-Salatherzen, in einzelne Blätter getrennt

3 hart gekochte Eier, geviertelt

2 vollreife Tomaten, in Spalten geschnitten

50 g Sardellenfilets in Öl, abgetropft

50 g schwarze Oliven, entsteint

Vinaigrette

8 EL Olivenöl

Saft von 1 Zitrone

2 EL Rotweinessig

2 TL Dijon-Senf

Salz und Pfeffer

Das Öl in einer Pfanne erhitzen. Die Thunfischsteaks mit Salz und Pfeffer würzen und von jeder Seite etwa 2–4 Minuten anbraten. Aus der Pfanne nehmen und abkühlen lassen.

Für die Vinaigrette alle Zutaten in ein Schraubglas füllen und kräftig schütteln.

Salzwasser in einem Topf zum Kochen bringen und die Bohnen darin 10 Minuten bissfest garen. Abgießen, abtropfen lassen und in eine große Schüssel geben. Die Vinaigrette darübergießen und vermengen. Abkühlen lassen.

Die Salatblätter auf 4 Teller verteilen. Die Bohnen aus der Vinaigrette heben und darauf anrichten. Die Thunfischsteaks in mundgerechte Stücke zerlegen und zusammen mit den Eiervierteln und Tomatenspalten auf den Bohnen verteilen. Sardellenfilets und Oliven darauf anrichten. Die übrige Vinaigrette aus der Schüssel darüberträufeln und servieren.

SALAT MIT KARAMELLISIERTEM THUNFISCH

Für das Dressing einen kleinen Wok auf starker Stufe vorheizen, dann das Öl hineingeben und erhitzen. Ingwer und Chili einige Sekunden unter Rühren anbraten. Sojasauce, Fischsauce und Tamarindenpaste zugeben und 30 Sekunden garen. Den Zucker einstreuen und unter Rühren auflösen. Den Wok vom Herd nehmen.

Die Bohnensprossen in ein Sieb geben, mit kochendem Wasser übergießen und gut abtropfen lassen. Mit Küchenpapier trocken tupfen. Die Gurke schälen, längs halbieren und die Kerne herauslösen. Die Gurkenhälften diagonal in feine Scheiben schneiden.

Bohnensprossen, Gurke, Koriander und Minze in eine Schüssel geben. Salzen und mit etwas Sesamöl beträufeln. Die Zutaten gut vermengen und auf Serviertellern anrichten.

Einen Wok auf starker Stufe vorheizen, dann Sesam- und Erdnussöl hineingeben und erhitzen. Die Thunfischwürfel kurz von allen Seiten anbraten, dabei mit einer Küchenzange wenden, bis sie außen gebräunt, innen aber noch roh sind. Auf den Salatportionen verteilen.

Das Dressing nochmals kurz erhitzen und, falls nötig, mit 1 Esslöffel Wasser strecken. Über die Thunfischwürfel träufeln. Mit Erdnüssen garnieren und sofort servieren.

FÜR 4 PERSONEN

180 g frische Bohnensprossen

10-cm-Stück Salatgurke

20 g frische Korianderblätter

20 g frische Minzeblätter

1 Prise Salz

1 TL Sesamöl, plus einige Tropfen mehr zum Beträufeln

1 EL Erdnussöl

450 g Thunfischfilet, in 2,5 cm große Würfel geschnitten

2 EL gesalzene, geröstete Erdnüsse, grob gehackt, zum Garnieren

Dressing

2 TL Rapsöl

1 TL fein gehackter frischer Ingwer

½–1 kleine, frische rote Chili, entkernt und fein gehackt

4 EL helle Sojasauce

1 EL thailändische Fischsauce

1 EL Tamarindenpaste

90 ml brauner Zucker

KARTOFFELSALAT MIT LINSEN & THUNFISCH

FÜR 4 PERSONEN

200 g Puy-Linsen oder braune Linsen

2 EL Olivenöl, plus etwas mehr zum Bestreichen

300 g kleine, neue Kartoffeln

1 Romanasalatherz

4 frische Thunfischsteaks (à 100 g)

12 kleine Kirschtomaten, halbiert

40 g Rucola

Dressing

5 EL fruchtiges Olivenöl

1 EL Balsamicoessig

2 TL Rotweinessig

1 TL Dijon-Senf

1 TL brauner Zucker

Salz und Pfeffer

Die Linsen 25 Minuten in einem Topf mit kochendem Wasser garen. Abgießen, in eine Schüssel füllen und das Öl unterrühren.

Unterdessen die Kartoffeln in einem Topf mit kaltem Wasser bedecken. Zum Kochen bringen, abdecken und 15 Minuten sanft köcheln, bis sie gerade gar sind.

Währenddessen das Salatherz in 8 gleich große Stücke schneiden und auf 4 Servierteller verteilen.

Für das Dressing alle Zutaten in ein kleines Schraubglas füllen und gut schütteln.

Wenn die Kartoffeln fast gar sind, eine Grillpfanne leicht mit Öl bestreichen und stark erhitzen. Die Thunfischsteaks darin 1½ Minuten von jeder Seite braten. Aus der Pfanne auf ein Schneidebrett heben und in je 6 Stücke teilen.

Die Kartoffeln abgießen und größere Exemplare grob zerkleinern. Mit Linsen, Thunfisch und Tomaten auf die 4 Teller geben, mit Rucola bestreuen und mit Dressing beträufeln. Sofort servieren.

THUNFISCH-BOHNEN-SALAT

FÜR 4 PERSONEN

Salz und Pfeffer

200 g grüne Bohnen

400 g weiße Bohnen aus der Dose, z. B. Cannellini, abgespült und abgetropft

4 Frühlingszwiebeln, fein gehackt

2 Thunfischsteaks (2 cm dick)

Olivenöl, zum Einpinseln

250 g Kirschtomaten, halbiert

1 Romanasalatherz, in einzelne Blätter getrennt

Dressing

1 Handvoll frische Minze, gehackt

1 Handvoll frische Petersilie, gehackt

1 Knoblauchzehe, zerdrückt

4 EL natives Olivenöl extra

1 EL Rotweinessig

Salz und Pfeffer

Zum Garnieren

Minzezweige

Petersilienzweige

Für das Dressing alle Zutaten in eine große Salatschüssel geben und verrühren.

Salzwasser in einem Topf zum Kochen bringen und die grünen Bohnen darin 6 Minuten garen. Die weißen Bohnen zufügen und alles weitere 5 Minuten bissfest garen. Abgießen und abtropfen lassen. Zusammen mit den Frühlingszwiebeln in die Salatschüssel geben und mit dem Dressing vermengen.

Die Thunfischsteaks mit Öl einpinseln, mit Salz und Pfeffer würzen und von jeder Seite 2–4 Minuten anbraten.

Die Steaks aus der Pfanne nehmen und 2 Minuten ruhen lassen oder komplett auskühlen lassen. Die Tomaten unter die Bohnen mischen. Eine Servierplatte mit den Salatblättern auslegen und die Bohnen darauf verteilen. Die Thunfischsteaks darüberlegen. Mit Minze und Petersilie garnieren und servieren.

NUDELSALAT MIT THUNFISCH & KRÄUTERN

In einem großen Topf leicht gesalzenes Wasser zum Kochen bringen. Die Nudeln hineingeben, das Wasser erneut aufkochen und die Nudeln 10–12 Minuten garen, bis sie al dente sind. Unterdessen den Backofengrill stark erhitzen.

Die Paprikaviertel 10–12 Minuten unter den Grill legen, bis die Haut schwarz wird. In einen Frischhaltebeutel füllen, verschließen und beiseitestellen.

In einem großen Topf Wasser zum Kochen bringen und den Spargel darin 4 Minuten blanchieren.

Abgießen, in kaltem Wasser abschrecken und erneut abgießen. Die Nudeln abgießen und beiseitestellen. Die Paprikastücke aus dem Beutel nehmen und die Haut abziehen. Dann in Streifen schneiden.

Für das Dressing alle Zutaten in eine große Salatschüssel geben und verquirlen. Nudeln, Paprikastreifen, Spargel, Zwiebel, Tomaten und Thunfisch hineingeben und behutsam durchheben. Dann auf Servierschalen verteilen, mit Basilikumblättern garnieren und servieren.

FÜR 4 PERSONEN

Salz

200 g Fusilli

1 rote Paprika, geviertelt

150 g Spargelstangen

1 rote Zwiebel, in Ringe geschnitten

4 Tomaten, in Scheiben geschnitten

200 g Thunfisch aus der Dose, im eigenen Saft, abgetropft und aufgelockert

Dressing

6 EL Basilikumöl oder natives Olivenöl extra

3 EL Weißweinessig

1 EL Limettensaft

1 TL Senf

1 TL Honig

4 EL frisch gehacktes Basilikum, plus ein paar Blätter mehr zum Garnieren

TOMATENSALAT MIT LACHS & GARNELEN

FÜR 4 PERSONEN

einige Romanasalatblätter

120 g kleine Kirschtomaten, halbiert

4 vollreife Tomaten, klein gewürfelt

100 g Räucherlachs

200 g gegarte, ausgelöste Garnelen

Dressing

1 EL Dijon-Senf

2 TL Zucker

2 TL Rotweinessig

2 EL Olivenöl

1 EL frisch gehackter Dill, plus einige Stängel zum Garnieren

Salz und Pfeffer

Eine große Servierplatte mit den Salatblättern auslegen und die halbierten und gewürfelten Tomaten darauf verteilen. Den Räucherlachs in Streifen schneiden und zusammen mit den Garnelen auf dem Salat anrichten.

Für das Dressing alle Zutaten in einer Schüssel verrühren und über den Salat gießen. Mit Dillzweigen garnieren und servieren.

RÄUCHERLACHS MIT RUCOLA

Die Rucolablätter halbieren und auf 4 Schalen verteilen. Mit Petersilie und Frühlingszwiebeln bestreuen.

Die Avocados mit dem Zitronensaft beträufeln und zusammen mit den Lachsstreifen auf die 4 Schalen verteilen.

Für das Dressing alle Zutaten in einer Schüssel verrühren und über den Salat träufeln. Mit Petersilie garnieren und sofort servieren.

FÜR 4 PERSONEN

50 g Rucola

1 EL frisch gehackte glatte Petersilie

2 Frühlingszwiebeln, gehackt

2 große Avocados, in dünne Streifen geschnitten

1 EL Zitronensaft

250 g Räucherlachs, in dünne Streifen geschnitten

Dressing

150 ml Mayonnaise

2 EL Limettensaft

fein abgeriebene Schale von 1 Limette

1 EL frisch gehackte glatte Petersilie, plus etwas mehr zum Garnieren

LACHSSPIESSE AUF MANGO-SALAT

FÜR 4 PERSONEN

120 g Kirschtomaten

100 g Lachsfilet, gehäutet und klein gewürfelt

1 reife Mango (etwa 150 g), in mundgerechten Stücken

2 EL Orangensaft

1 EL Sojasauce

120 g gemischte Salatblätter

½ Gurke, in Stifte geschnitten

6 Frühlingszwiebeln, fein gehackt

Dressing

4 EL fettarmer Joghurt

1 TL Sojasauce

1 EL abgeriebene Orangenschale

4 Holzspieße 30 Minuten in kaltem Wasser einweichen. Die Hälfte der Tomaten halbieren und beiseitestellen. Lachswürfel, ganze Tomaten und die Hälfte der Mangostücke abwechselnd auf die Holzspieße stecken. Orangensaft und Sojasauce in einer Schüssel verrühren und die Spieße damit bepinseln. Abdecken und 15 Minuten in den Kühlschrank stellen; zwischendurch noch einmal mit der Marinade bestreichen.

Salatblätter, halbierte Tomaten, restliche Mangostücke, Gurkenstifte und Frühlingszwiebeln vermengen und auf 4 Teller verteilen.

Den Backofengrill vorheizen und den Grillrost oder ein Backblech mit Alufolie auslegen. Für das Dressing alle Zutaten in einer kleinen Schüssel verrühren und beiseitestellen.

Die Lachsspieße auf den Rost legen und erneut mit der Marinade bepinseln. 5–7 Minuten grillen, bis der Lachs gar ist; dabei nach der Hälfte der Garzeit die Spieße wenden und mit der restlichen Marinade bestreichen.

Die Spieße auf die vorbereiteten Teller verteilen, mit dem Salatdressing beträufeln und servieren.

SALAT MIT FORELLE, CHICORÉE & BIRNE

Die Birnenscheiben im Zitronensaft wenden, um eine Braunfärbung zu verhindern, und mit Chicorée und Brunnenkresse in eine Salatschüssel geben.

Die Forelle in kleine Stücke reißen und dabei sämtliche Gräten und Haut entfernen. Mit den Weintrauben über den Salat streuen.

Für das Dressing Crème fraîche, Milch, Meerrettich und Zitronensaft in eine kleine Schüssel geben und glatt rühren. Mit Salz und Pfeffer würzen. Kurz vor dem Servieren das Dressing über den Salat träufeln und diesen eventuell noch einmal abschmecken.

FÜR 4 PERSONEN

2 reife rote Williams-Christ-Birnen, in Scheiben geschnitten

1 EL Zitronensaft

3 Chicorée, in Blätter getrennt

50 g Brunnenkresse, harte Stiele entfernt

225 g geräucherte Forelle

80 g kernlose grüne Trauben, halbiert

Dressing

4 EL Crème fraîche

1 EL Milch

1 TL Sahnemeerrettich

2 TL Zitronensaft

Salz und Pfeffer

BUNTER SALAT MIT SARDELLEN & OLIVEN

FÜR 4 PERSONEN

- 125 g gemischte Salatblätter, z. B. Radicchio, Frisée, Rucola und Feldsalat
- 12 Kirschtomaten, halbiert
- 20 entsteinte schwarze Oliven, halbiert
- 6 Sardellenfilets, abgetropft und in Stücke geschnitten
- 1 EL frisch gehackter Oregano
- Zitronenspalten, zum Garnieren
- frische Brötchen, zum Servieren

Dressing

- 4 EL natives Olivenöl extra
- 1 EL Weißweinessig
- 1 EL Zitronensaft
- 1 EL frisch gehackte glatte Petersilie
- Salz und Pfeffer

Für das Dressing alle Zutaten in einer Schüssel verrühren.

Die Salatblätter in eine große Schüssel geben. Kirschtomaten, Oliven, Sardellen und Oregano darauf verteilen. Mit dem Dressing beträufeln.

Den Salat auf 4 Teller aufteilen und mit den Zitronenspalten garnieren. Mit frischen Brötchen servieren.

WARMER KARTOFFELSALAT MIT MAKRELE

Die Haut der Makrelenfilets drei- bis viermal diagonal einschneiden. Pfeffer, Zitronenschale samt -saft und Öl verquirlen und über den Fisch gießen. Abgedeckt 20 Minuten bei Zimmertemperatur marinieren. Den Backofengrill stark erhitzen.

Die Fischfilets unter dem vorgeheizten Backofengrill 7–8 Minuten grillen, dabei einmal wenden, bis sie gar sind. Unterdessen die Kartoffeln in einem Topf mit kaltem Wasser bedecken. Zum Kochen bringen, abdecken und 12–15 Minuten sanft köcheln, bis sie gerade gar sind.

Für das Dressing Olivenöl, Essig, Senf und Zucker in einer Schüssel verquirlen. Den Dill unterrühren und mit Salz und Pfeffer würzen.

Die Kartoffeln abgießen und behutsam mit den Frühlingszwiebeln und der Hälfte des Dressings mischen. Auf 4 Servierteller verteilen und mit den Rucolablättern bestreuen. Auf jede Portion ein heißes Makrelenfilet legen. Mit dem verbliebenen Dressing beträufeln, mit dem frischen Dill garnieren und sofort servieren.

FÜR 4 PERSONEN

4 frische Makrelenfilets (à 140 g)

1 TL grob gemahlener schwarzer Pfeffer

fein abgeriebene Schale und Saft von 1 kleinen Zitrone

1 EL natives Olivenöl extra

450 neue Kartoffeln, in Scheiben geschnitten

4 Frühlingszwiebeln, in dünne Ringe geschnitten

25 g Rucola

frischer Dill, zum Garnieren

Dressing

5 EL natives Olivenöl extra

2 EL Weißweinessig

1 EL Dijon-Senf

1 Prise Zucker

1 EL frisch gehackter Dill

Salz und Pfeffer

SCHWERTFISCH MIT FRISCHER TOMATENSALSA

Für die Salsa Öl und Essig in einer Schüssel verrühren, Tomaten, Oliven, Schalotten und Kapern untermischen, salzen und pfeffern. Abdecken und bis zum Servieren in den Kühlschrank stellen.

Die Schwertfischsteaks von beiden Seiten salzen. Butter und Öl in einer großen Pfanne zerlassen und die Steaks von beiden Seiten etwa 4 Minuten braten, bis sie gar sind. Aus der Pfanne nehmen und auf einem Teller abkühlen lassen. Abdecken und 2 Stunden in den Kühlschrank stellen.

Die Fischsteaks 15 Minuten vor dem Servieren aus dem Kühlschrank nehmen. Das Basilikum zur Salsa geben, den Fisch in große Stücke zerteilen und vorsichtig unter die Salsa heben. Auf 4 Schalen verteilen und mit frischem Baguette servieren.

FÜR 4 PERSONEN

4 Schwertfischsteaks ohne Gräten (à 140 g)

Salz

1 EL Butter

1 EL Olivenöl

frisches Baguette, zum Servieren

Salz

Salsa

4 EL natives Olivenöl extra

1 EL Rotweinessig

600 g vollreife Fleischtomaten, entkernt und klein gewürfelt

140 g große schwarze Oliven, entsteint und halbiert

1 Schalotte, fein gehackt

1 EL Kapern, abgespült und abgetropft

Salz und Pfeffer

3 EL frisch gehacktes Basilikum

SÜSSSAURER FISCHSALAT

FÜR 4 PERSONEN

250 g Forellenfilet

250 g weißes Fischfilet, z. B. Schellfisch oder Kabeljau

300 ml Wasser

1 Stängel Zitronengras, halbiert

2 Kaffir-Limettenblätter

1 große rote Chili

1 Bund Frühlingszwiebeln, in Ringe geschnitten

120 g frische Ananas, in kleine Stücke geschnitten

1 kleine rote Paprika, in Streifen geschnitten

1 Bund Brunnenkresse

frisch gehackter Schnittlauch, zum Garnieren

Dressing

1 EL Sonnenblumenöl

1 EL Reisweinessig

1 Prise Chilipulver

1 TL Honig

Salz und Pfeffer

Die Fischfilets in einen Topf geben und mit dem Wasser übergießen. Zitronengras, Limettenblätter und Chili zugeben und zum Kochen bringen. Etwa 8–10 Minuten garen, dann abgießen und abtropfen lassen.

Die Fischfilets eventuell häuten, das Fleisch in mundgerechte Stücke schneiden und in eine große Schüssel geben. Frühlingszwiebeln, Ananas und Paprika zufügen und vorsichtig vermengen.

Die Brunnenkresse auf 4 Teller aufteilen und die Fischmischung darauf anrichten.

Alle Dressingzutaten in einer Schüssel verrühren und den Salat damit beträufeln. Mit Schnittlauch bestreuen und sofort servieren.

WÜRZIGE FISCH-SPIESSE MIT TOMATENSALAT

Die Fischstücke in eine flache Schüssel geben. Je 2 Esslöffel Limettensaft und Öl mit Chilipulver und Oregano mischen. Mit Salz und Pfeffer würzen und über den Fisch gießen. Abdecken und 1 Stunde bei Zimmertemperatur marinieren.

Den Backofengrill auf mittlerer Stufe vorheizen. Fisch und Zitronenspalten abwechselnd auf 8 Metallspieße stecken und 8–10 Minuten grillen, bis der Fisch gerade gar ist. Dabei gelegentlich wenden.

Unterdessen Tomaten, Zwiebel und Koriander in einer Schüssel vermengen. Den verbliebenen Limettensaft und das restliche Öl mit Zucker und Senf verrühren. Dieses Dressing über die Tomaten gießen und alles gut durchheben. Mit Salz und Pfeffer würzen.

Den Tomatensalat auf 4 Servierteller verteilen und je 2 Fischspieße darauflegen. Sofort servieren.

FÜR 4 PERSONEN

450 g Dorsch- oder Seeteufelfilet, in 2,5 cm große Würfel geschnitten

3 EL Limettensaft

4 EL Sonnenblumenöl

2 TL mildes Chilipulver

1 TL getrockneter Oregano

Salz und Pfeffer

1 Zitrone, in 8 Spalten geschnitten

225 g Kirschtomaten, halbiert

225 g gelbe Kirschtomaten, halbiert

½ kleine Zwiebel, in dünne Ringe geschnitten

2 EL grob gehackter frischer Koriander

½ TL Zucker

1 TL milder Senf

BRUSCHETTA MIT GARNELEN & BOHNEN

FÜR 4 PERSONEN

- 400 g weiße Bohnen aus der Dose, abgespült und abgetropft
- ½ rote Zwiebel, fein gehackt
- 1 Selleriestange, fein gewürfelt
- 300 g gekochte Riesengarnelen, ausgelöst, Schwanzende intakt
- 1 Knoblauchzehe, fein gehackt
- Saft von 1 Zitrone
- 5 EL natives Olivenöl extra
- 2 EL frisch gehackte glatte Petersilie
- Salz und Pfeffer
- 4 dicke Scheiben helles Bauernbrot
- 80 g kleine Pflaumentomaten, halbiert
- 1 Handvoll frische glatte Petersilienblätter

Bohnen, Zwiebel, Sellerie, Garnelen und Knoblauch in eine große Schüssel füllen. Zitronensaft, 2 Esslöffel Öl und die gehackte Petersilie zufügen. Leicht mit Salz und Pfeffer würzen, gut umrühren, abdecken und beiseitestellen.

Die Brotscheiben mit ein wenig von dem verbliebenen Olivenöl bestreichen und in einer heißen Grillpfanne 2–3 Minuten auf jeder Seite goldgelb grillen oder unter einem heißen Backofengrill rösten. Auf Servierteller verteilen.

Tomaten und Petersilie behutsam unter den Salat heben und den Salat auf die heißen Brotscheiben häufen. Mit dem restlichen Öl beträufeln, eventuell nachwürzen und servieren.

MEERES-FRÜCHTESALAT MIT SPINAT

Die Muscheln in einen Topf mit Salzwasser geben und zum Kochen bringen. Abdecken und 5 Minuten garen, dabei gelegentlich am Topf rütteln. Die Muscheln abgießen und dabei den Sud auffangen. Geschlossene Muscheln aussortieren. Dann die Muscheln unter fließend kaltem Wasser abschrecken und auslösen. Den Sud wieder in den Topf gießen und aufkochen. Garnelen und Jakobsmuscheln zugeben und 3 Minuten garen. Abgießen, abtropfen lassen und in eine große Schüssel füllen. Abdecken und 30 Minuten in den Kühlschrank stellen.

Den Spinat mit 4 Esslöffeln Wasser in einen großen Topf geben und 1 Minute bei starker Hitze blanchieren. Abgießen, unter fließend kaltem Wasser abschrecken und abtropfen lassen.

Für das Dressing alle Zutaten in einer Schüssel verrühren. Den Spinat auf 4 Teller verteilen und mit der Hälfte der Frühlingszwiebeln bestreuen. Die Meeresfrüchte darauf anrichten und mit den restlichen Frühlingszwiebeln bestreuen. Mit dem Dressing beträufeln und servieren.

FÜR 4 PERSONEN

500 g frische Miesmuscheln, abgebürstet, abgespült und Bärte entfernt

Salz

100 g rohe ausgelöste Garnelen

350 g Jakobsmuschelfleisch

500 g Babyspinat

3 Frühlingszwiebeln, gehackt

Dressing

4 EL natives Olivenöl extra

2 EL Weißweinessig

1 EL Zitronensaft

1 TL fein abgeriebene Zitronenschale

1 Knoblauchzehe, gehackt

1 EL frisch geriebener Ingwer

1 frische rote Chili, entkernt und gehackt

1 EL frisch gehackter Koriander

Salz und Pfeffer

MEERES-FRÜCHTESALAT NAPOLI

FÜR 4 PERSONEN

500 g Tintenfisch, in Ringe und Tentakel geschnitten

750 g gegarte, ausgelöste Miesmuscheln

500 g eingelegte Herzmuscheln

150 ml Weißwein

300 ml Olivenöl

250 g Fricelli oder eine andere mittellange Nudelsorte

Saft von 1 Zitrone

½ Bund Schnittlauch, gehackt

½ Bund Petersilie, fein gehackt

Salz und Pfeffer

gemischte Salatblätter, z. B. Eichblattsalat, zerpflückt

4 große Tomaten, in Spalten geschnitten

Die Meeresfrüchte in einer großen Schüssel vermengen, mit dem Wein und der Hälfte des Öls übergießen und 6 Stunden marinieren.

Die Meeresfrüchte mit Marinade in einen Topf geben und bei geringer Hitze 10 Minuten garen. Vom Herd nehmen und abkühlen lassen.

Salzwasser in einem Topf zum Kochen bringen. Die Pasta mit 1 Esslöffel Öl zugeben und 8–10 Minuten garen, bis sie al dente sind. Abgießen, mit fließend kaltem Wasser abschrecken und abtropfen lassen.

Die Meeresfrüchte abgießen und den Sud dabei auffangen. Die Hälfte des Suds mit Zitronensaft, Kräutern und dem restlichen Öl verrühren. Mit Salz und Pfeffer abschmecken. Die Pasta mit den Meeresfrüchten vermengen.

Die Salatblätter auf einer Servierplatte auslegen. Den Nudelsalat darauf anrichten, die Tomaten darauf verteilen und servieren.

VEGETARISCHE SALATE

GRIECHISCHER SALAT

Für das Dressing alle Zutaten in eine Schüssel geben, gut verrühren und beiseitestellen. Den Feta in etwa 2,5 cm große Würfel schneiden. Salatblätter, Tomaten, Gurken und Feta in eine große Schüssel geben und vermengen.

Das Dressing über den Salat gießen und unterrühren. Mit Oliven, Kräutern und nach Belieben mit Zwiebelringen garnieren und servieren.

FÜR 4 PERSONEN

200 g Feta

½ Eisbergsalat oder 1 Romanasalat, in Streifen geschnitten oder zerpflückt

4 Tomaten, in Spalten geschnitten

½ Gurke, in Scheiben geschnitten

12 schwarze entsteinte Oliven

2 EL frisch gehackte Kräuter, z. B. glatte Petersilie, Oregano, Minze oder Basilikum

1 kleine Zwiebel, in Ringe geschnitten (nach Belieben)

Dressing

6 EL natives Olivenöl extra

2 EL Zitronensaft

1 Knoblauchzehe, zerdrückt

1 Prise Zucker

Salz und Pfeffer

RÖSTGEMÜSE-SALAT

Den Backofen auf 200 °C vorheizen. Das Gemüse mit den Knoblauchzehen in einer Bratform verteilen und mit 2 Esslöffeln Olivenöl beträufeln. Salzen und pfeffern und gut vermengen. Im Ofen 40 Minuten garen, bis das Gemüse weich ist. Wenn es zu trocken wird, mit zusätzlichem Öl beträufeln.

Für das Dressing alle Zutaten in ein Schraubglas füllen und kräftig schütteln.

Das Gemüse auf einer Servierplatte anrichten und mit dem Dressing beträufeln. Mit Basilikum und Parmesan garnieren. Warm oder kalt mit frischem Baguette servieren.

FÜR 4 PERSONEN

1 Zwiebel, in Spalten geschnitten

1 Aubergine, in Scheiben geschnitten

1 rote Paprika, in große Stücke geschnitten

1 orangefarbene Paprika, in große Stücke geschnitten

1 große Zucchini, in Scheiben geschnitten

2–4 Knoblauchzehen

2–4 EL Olivenöl

Salz und Pfeffer

frisches Baguette, zum Servieren

Zum Garnieren

1 EL frisch gehacktes Basilikum

frische Parmesanspäne

Dressing

1 EL Balsamicoessig

2 EL natives Olivenöl extra

Salz und Pfeffer

KARTOFFEL-RADIESCHEN-SALAT

Die Kartoffeln in einem Topf mit kaltem Wasser bedecken. Zum Kochen bringen, abdecken und 15 Minuten sanft köcheln, bis sie gerade gar sind. Abgießen und abkühlen lassen. In eine Salatschüssel füllen und mit den Radieschen vermengen.

Für das Dressing saure Sahne und Milch in einer Schüssel glatt rühren. Gurken und Dill untermengen und mit Salz und Pfeffer würzen.

Das Dressing über den Salat gießen und alles gut durchheben. Dann Zwiebel und Rucola behutsam unterheben und servieren.

FÜR 4 PERSONEN

500 g neue Kartoffeln, halbiert

8 Radieschen, in dünne Scheiben geschnitten

1 kleine rote Zwiebel, in dünne Ringe geschnitten

25 g Rucola

Dressing

150 g saure Sahne

2 EL Milch

3 Gewürzgurken, abgetropft und fein gehackt

2 EL frisch gehackter Dill

Salz und Pfeffer

LINSEN-KARTOFFEL-SALAT

FÜR 4 PERSONEN

Salz und Pfeffer

100 g Puy-Linsen

500 g neue Kartoffeln, halbiert

6 Frühlingszwiebeln, in feine Ringe geschnitten

1 EL Olivenöl

2 EL Balsamicoessig

Salzwasser in einem großen Topf zum Kochen bringen. Die Linsen abspülen, in den Topf geben und etwa 20 Minuten gar kochen. Abgießen, unter fließend kaltem Wasser abschrecken und abtropfen lassen.

Einen weiteren Topf mit Salzwasser füllen, die Kartoffeln zugeben und in 15–20 Minuten gar kochen. Abgießen, abtropfen lassen und halbieren.

Linsen, Kartoffeln und Frühlingszwiebeln in eine Schüssel geben. Olivenöl und Essig darübergießen und mit reichlich Salz und Pfeffer abschmecken. Auf 4 Servierschüsseln verteilen und servieren.

WARMER GEMÜSE-SALAT MIT MOZZARELLA

Den Backofen auf 190 °C vorheizen. Süßkartoffeln, Olivenöl und Knoblauch auf ein Backblech geben, mit Salz und Pfeffer würzen und gut vermengen. 30 Minuten im Ofen garen, bis die Süßkartoffeln weich und gebräunt sind. Aus dem Ofen nehmen und beiseitestellen.

Den Backofengrill vorheizen. Auberginenscheiben und Paprikastreifen auf ein Backblech legen und unter gelegentlichem Wenden 10 Minuten grillen, bis sie weich und gebräunt sind.

Für das Dressing alle Zutaten in eine Schüssel geben und gut verrühren.

Die Salatblätter auf 4 Teller verteilen und das warme Gemüse und die Mozzarellascheiben darauf anrichten. Mit dem Dressing beträufeln und servieren.

FÜR 4 PERSONEN

2 Süßkartoffeln, in Stücke geschnitten

2 EL Olivenöl

2 Knoblauchzehen, zerdrückt

Salz und Pfeffer

1 große Aubergine, in Scheiben geschnitten

2 rote Paprika, in Streifen geschnitten

200 g gemischte Salatblätter

300 g Mozzarella, in Scheiben geschnitten

Dressing

1 EL Balsamicoessig

1 Knoblauchzehe, zerdrückt

3 EL Olivenöl

1 kleine Schalotte, fein gehackt

2 EL frisch gehackte gemischte Kräuter, z. B. Estragon, Dill und Basilikum

Salz und Pfeffer

SÜSSKARTOFFEL-BOHNEN-SALAT

Wasser in einem Topf zum Kochen bringen und die Süßkartoffelwürfel bei mittlerer Hitze 10 Minuten garen. Mit einem Schaumlöffel herausnehmen und abtropfen lassen. In eine Schüssel geben.

Die Karotten in den Topf geben und 2–3 Minuten garen. Abgießen, abtropfen lassen und zu den Süßkartoffelwürfeln geben. Die Tomaten halbieren, entkernen und das Fruchtfleisch würfeln. Mit Sellerie und Bohnen zu den Süßkartoffeln geben und gut vermengen.

Die Salatblätter in eine Schüssel geben und den Süßkartoffelsalat darauf anrichten. Mit Rosinen und Frühlingszwiebeln bestreuen.

Die Dressingzutaten in ein Schraubglas geben und kräftig schütteln. Über den Salat gießen und servieren.

FÜR 4 PERSONEN

1 Süßkartoffel, in Würfel geschnitten

4 Babykarotten, längs halbiert

4 Tomaten

4 Selleriestangen, in feine Scheiben geschnitten

220 g Borlotti-Bohnen aus der Dose, abgespült und abgetropft

120 g gemischte Salatblätter, z. B. Frisée, Rucola, Radicchio und Eichblattsalat

1 EL Rosinen

4 Frühlingszwiebeln, diagonal in Ringe geschnitten

Dressing

2 EL Zitronensaft

1 Knoblauchzehe, zerdrückt

150 g Naturjoghurt

2 EL Olivenöl

Salz und Pfeffer

SALAT MIT GRÜNEN BOHNEN & FETA

FÜR 4 PERSONEN

350 g grüne Bohnen

1 rote Zwiebel, gehackt

3–4 EL frisch gehackter Koriander

2 Radieschen, in dünne Scheiben geschnitten

75 g Feta, zerkrümelt

1 TL frisch gehackter oder ½ TL getrockneter Oregano

Pfeffer

2 EL Rotwein- oder Obstessig

80 ml Olivenöl

10 Kirschtomaten, geviertelt

Einen Dampfkochtopf 5 cm hoch mit Wasser füllen. Das Wasser zum Kochen bringen. Die Bohnen in den Gareinsatz geben, abdecken und etwa 5 Minuten weich dünsten.

Bohnen, Zwiebel, Koriander, Radieschen und Feta in eine Schüssel geben. Oregano und Pfeffer zugeben, Essig und Öl vermengen, über die Bohnenmischung gießen und unterrühren.

Den fertigen Salat auf einer Servierplatte anrichten. Die Tomatenspalten zufügen und sofort servieren oder bis zum Verzehr kalt stellen.

BOHNEN-WALNUSS-SALAT

In einem Topf Salzwasser zum Kochen bringen und die Bohnen darin 10 Minuten bissfest garen. Abgießen, unter fließend kaltem Wasser abschrecken und gut abtropfen lassen. In eine Salatschüssel geben und mit Zwiebel, Knoblauch und Parmesan vermengen.

Für das Dressing alle Zutaten in einer Schüssel verrühren. Das Dressing über die Bohnen gießen und vorsichtig vermengen. Die Schüssel abdecken und mindestens 30 Minuten im Kühlschrank ziehen lassen. Den Salat 10 Minuten vor dem Servieren aus dem Kühlschrank holen, vermengen und auf Teller oder Schalen verteilen.

Die Nüsse in einer beschichteten Pfanne 2 Minuten anrösten und über den Bohnensalat streuen. Sofort servieren.

FÜR 2 PERSONEN

Salz

500 g grüne Bohnen

1 kleine Zwiebel, fein gehackt

1 Knoblauchzehe, gehackt

4 EL frisch geriebener Parmesan

2 EL gehackte Walnüsse oder Mandeln, zum Garnieren

Dressing

6 EL Olivenöl

2 EL Weißweinessig

Salz und Pfeffer

2 TL frisch gehackter Estragon

GEMISCHTER BOHNENSALAT MIT KRÄUTERN

Für das Dressing alle Zutaten in ein kleines Schraubglas füllen und gut schütteln. Beiseitestellen.

Eine Schüssel mit Eiswasser bereitstellen. In einem Topf leicht gesalzenes Wasser zum Kochen bringen und die grünen sowie die dicken Bohnen darin 3 Minuten blanchieren. Mit einem Schaumlöffel aus dem Wasser heben und unverzüglich ins Eiswasser geben.

Das Wasser erneut aufkochen und die Erbsen darin etwa 3 Minuten blanchieren. Aus dem Kochsud heben und ebenfalls ins Eiswasser geben.

Bohnen und Erbsen abgießen und mit Küchenpapier trocken tupfen. In eine große Schüssel geben, Dressing, weiße Bohnen, Zwiebel und Kräuter hinzufügen und alles gut vermengen. Abdecken und in den Kühlschrank stellen.

Den Haloumi erst kurz vor dem Servieren zubereiten. Hierzu etwas Öl in einer großen Pfanne erhitzen. Die Haloumi-Scheiben leicht in Mehl wenden und überschüssiges Mehl abschütteln. Den Käse in die Pfanne geben und darin von jeder Seite 30-60 Sekunden braten, bis er goldbraun ist. Herausheben, warm halten und die verbliebenen Scheiben braten.

Den Salat nochmals durchheben, den Rucola zugeben und mit Salz und Pfeffer abschmecken. Den Salat auf einzelne Servierteller verteilen und den heißen Käse am Rand platzieren. Mit Olivenöl beträufeln und servieren.

FÜR 4–6 PERSONEN

Salz und Pfeffer

110 g grüne Bohnen, in mundgerechte Stücke geschnitten

110 g gepalte dicke Bohnen, bei älteren Bohnen helle Außenhaut entfernt

110 g frische, gepalte Erbsen oder TK-Ware, aufgetaut

400 g weiße Bohnen aus der Dose, abgespült und abgetropft

1 kleine rote Zwiebel, in dünne Ringe geschnitten

2 EL frisch gehackte Petersilie

1 EL feine Schnittlauchröllchen

80 g Rucola oder Brunnenkresse

Dressing

5 EL natives Olivenöl extra

2 EL Estragonessig

½ TL grober Senf

1 Prise Zucker

Gebratener Haloumi

Olivenöl, zum Beträufeln

350 g Haloumi, abgetropft, trocken getupft und in 12 Scheiben geschnitten

Mehl, zum Bestäuben

NUDELSALAT MIT PAPRIKA

FÜR 4 PERSONEN

1 rote Paprika

1 orangefarbene Paprika

Salz und Pfeffer

300 g Conchiglie

5 EL natives Olivenöl extra

2 EL Zitronensaft

2 EL Pesto

1 Knoblauchzehe

3 EL frisch gezupftes Basilikum

Den Backofengrill vorheizen. Die ganzen Paprika auf ein Backblech legen und 15 Minuten grillen, dabei häufig wenden, bis sie rundum gebräunt sind. Die Paprika in eine Schüssel legen, mit Folie abdecken und beiseitestellen.

Unterdessen in einem großen Topf leicht gesalzenes Wasser aufkochen und die Nudeln darin 8–10 Minuten al dente kochen.

Olivenöl, Zitronensaft, Pesto und Knoblauch in einer Schüssel gründlich verrühren. Die Nudeln abgießen und noch heiß mit der Pestomischung vermengen. Dann beiseitestellen.

Von den abgekühlten Paprika die Haut abziehen, die Paprika aufschneiden und die Kerne entfernen. Das Fruchtfleisch grob hacken und mit dem Basilikum zu den Nudeln geben. Mit Salz und Pfeffer abschmecken und alles gut vermengen. Warm servieren.

PAPRIKA IN MARINADE

Den Backofen auf 190 °C vorheizen. Die Paprika halbieren, die Stiele aber nicht entfernen, sondern nur Kerne und innere Rippen. Die Paprika mit der Schnittseite nach oben in einen flachen Bräter geben und mit Zwiebel und Knoblauch bestreuen. Dann mit Salz und Pfeffer würzen und mit der Hälfte des Olivenöls beträufeln. Etwa 40 Minuten im Ofen rösten, bis die Paprika weich sind. Dann abkühlen lassen.

Die kalten Paprika auf eine Servierplatte geben und mit dem Kochsud aus dem Bräter übergießen. Mit Oliven, Mozzarellakugeln und Basilikum bestreuen.

Das verbliebene Olivenöl mit dem Essig verquirlen und über die Paprika gießen. Vor dem Servieren abdecken und mindestens 2 Stunden oder über Nacht im Kühlschrank marinieren.

FÜR 4 PERSONEN

2 rote Paprika

2 gelbe Paprika

1 rote Zwiebel, grob gehackt

2 Knoblauchzehen, gehackt

Salz und Pfeffer

6 EL Olivenöl

110 g eingelegte schwarze Oliven, abgetropft

100 g kleine Mozzarellakugeln, abgetropft

2 EL grob gezupfte frische Basilikumblätter

2 EL Balsamicoessig

REISSALAT MIT GURKE & ORANGE

Den Reis in einen Topf mit Salzwasser geben und aufkochen. Den Topf abdecken und den Reis etwa 30–35 Minuten unter gelegentlichem Rühren gar kochen. Den Deckel während der letzten 5 Minuten abnehmen, damit das Wasser vollständig verdampft. Abgießen, abtropfen lassen und in eine große Schüssel füllen.

Für das Dressing alle Zutaten in ein Schraubglas füllen und kräftig schütteln. Über den Reis gießen und gut vermengen.

Paprikastreifen, Gurke, Orange, Tomaten, Zwiebel und Petersilie zugeben und vermengen. Sofort servieren.

FÜR 4 PERSONEN

250 g Langkorn- und Wildreis, gemischt

Salz

850 ml Wasser

je 1 rote, gelbe und orangefarbene Paprika, in feine Streifen geschnitten

½ Gurke, diagonal halbiert und in feine Scheiben geschnitten

1 Orange, filetiert

3 vollreife Tomaten, gewürfelt

1 rote Zwiebel, in feine Ringe geschnitten

½ Bund glatte Petersilie, gehackt

Dressing

1 Knoblauchzehe, zerdrückt

1 EL Balsamicoessig

2 EL natives Olivenöl extra

Meersalz und Pfeffer

WÜRZIGER ORANGEN-KAROTTEN-SALAT

FÜR 4 PERSONEN

500 g Karotten, grob gerieben

4 Frühlingszwiebeln, gehackt

2 Orangen

50 g Rosinen

3 EL frisch gehackter Koriander

frische Korianderblätter, zum Garnieren (nach Belieben)

Dressing

3 EL Olivenöl

3 EL Orangensaft

2 TL Zitronensaft

½ TL gemahlener Kreuzkümmel

½ TL gemahlener Koriander

Salz und Pfeffer

Karotten und Frühlingszwiebeln in einer großen Schüssel behutsam mischen. Mit einem Sägemesser Schale und weiße Haut von den Orangen abschneiden und die einzelnen Orangenfilets entlang der Zwischenhäute herauslösen. Die Orangenfilets mit Rosinen und gehacktem Koriander in die Schüssel geben.

Für das Dressing Olivenöl, Orangen- und Zitronensaft sowie Kreuzkümmel und Koriander in einer Schüssel verquirlen. Mit Salz und Pfeffer würzen.

Das Dressing über den Salat gießen und alles gut durchheben. Mit Frischhaltefolie abdecken und mindestens 30 Minuten in den Kühlschrank stellen. Nochmals abschmecken. Dann nach Belieben mit Korianderblättern garnieren und servieren.

WARMER LINSENSALAT MIT ZIEGENKÄSE

FÜR 4 PERSONEN

2 EL Olivenöl

2 TL Kreuzkümmelsamen

2 Knoblauchzehen, zerdrückt

2 TL frisch geriebener Ingwer

300 g rote Linsen

700 ml Gemüsebrühe

2 EL frisch gehackte Minze

2 EL frisch gehackter Koriander

2 rote Zwiebeln, in feine Ringe geschnitten

200 g kleine Spinatblätter

1 TL Haselnussöl

150 g Ziegenfrischkäse

4 EL Naturjoghurt (10 % Fett)

Pfeffer

Die Hälfte des Olivenöls in einem großen Topf erhitzen. Kreuzkümmelsamen, Knoblauch und Ingwer zugeben und unter Rühren 2 Minuten andünsten.

Die Linsen zufügen. Die Brühe nach und nach zugießen und gut verrühren. Nach etwa 20 Minuten ist die Brühe fast vollständig aufgesogen. Dann den Topf vom Herd nehmen und die Kräuter unterrühren.

Währenddessen das restliche Olivenöl in einer Pfanne erhitzen. Die Zwiebeln zugeben und goldbraun dünsten. Beiseitestellen.

Spinatblätter und Haselnussöl vermengen und auf 4 Teller verteilen.

Den Ziegenkäse in einer Schüssel zerdrücken, mit dem Joghurt vermengen und mit Pfeffer würzen.

Linsen und Ziegenkäse auf dem Spinat anrichten, die Zwiebelringe darauf verteilen und servieren.

SPINATSALAT MIT ZIEGENKÄSE

Für das Dressing alle Zutaten in ein kleines Schraubglas füllen und gut schütteln.

Den Backofengrill auf mittlere Hitze vorheizen. Die Baguettescheiben mit ein wenig Olivenöl bestreichen und von jeder Seite 1–2 Minuten goldgelb rösten. Mit einer Scheibe Ziegenkäse belegen, mit Pfeffer würzen und 1–2 Minuten unter dem Backofengrill gratinieren, bis der Käse geschmolzen ist.

Unterdessen den Spinat in eine große Salatschüssel geben. Fast das gesamte Dressing darübergeben und den Salat behutsam darin wenden. Auf 2 Servierteller verteilen, Tomaten und Ziegenkäsebaguette daraufgeben. Mit dem verbliebenen Dressing beträufeln und sofort servieren.

FÜR 2 PERSONEN

6 dünne Scheiben Baguette

1 EL Olivenöl

110 g runder Ziegenkäse, z. B. Saint Maure (mit Rinde)

Pfeffer

80 g Babyspinat

50 g sonnengetrocknete Tomaten in Öl, abgetropft

Dressing

3 EL natives Olivenöl extra

1 EL Sherry-Essig

1 TL grober Senf

1 Prise Zucker

Salz und Pfeffer

ROTKOHLSALAT MIT ROTEN BETEN

Rotkohl, Rote Beten und Apfelscheiben in eine Salatschüssel geben und mit dem Zitronensaft mischen.

Für das Dressing Mayonnaise, Joghurt und Rotweinessig in einer Schüssel glatt rühren. Über den Salat geben und alles gut verrühren. Mit Salz und Pfeffer würzen und abgedeckt mindestens 1 Stunde in den Kühlschrank stellen.

Den Salat nochmals durchrühren und mit Salz und Pfeffer abschmecken. Kurz vor dem Servieren mit Sonnenblumen- und Kürbiskernen bestreuen.

FÜR 4 PERSONEN

350 g Rotkohl, fein geraspelt

175 g gekochte Rote Beten, in dünne Stifte geschnitten

1 Apfel, in dünne Scheiben geschnitten

1 EL Zitronensaft

Salz und Pfeffer

1 EL Sonnenblumenkerne

1 EL Kürbiskerne

Dressing

3 EL Mayonnaise

2 EL Naturjoghurt (10 % Fett)

1 EL Rotweinessig

SO GESUND

GRIECHISCHER FETASALAT

Die Weinblätter auf Salatteller geben und Tomaten, Gurke und Zwiebel darüber verteilen. Mit Käse und Oliven bestreuen.

Für das Dressing alle Zutaten in ein Schraubglas füllen und kräftig schütteln. Das Dressing über den Salat gießen und servieren.

FÜR 4 PERSONEN

einige eingelegte Weinblätter

4 Tomaten, in Scheiben geschnitten

½ Salatgurke, geschält und in Scheiben geschnitten

1 kleine rote Zwiebel, in feine Ringe geschnitten

110 g Feta, gewürfelt

8 schwarze Oliven

Dressing

3 EL natives Olivenöl extra

1 EL Zitronensaft

½ TL getrockneter Oregano

Salz und Pfeffer

BUNTER SALAT MIT KNOBLAUCH-DRESSING

Gurken, Frühlingszwiebeln, Tomaten, Paprika, Sellerie, Radieschen und Rucola in einer Salatschüssel vermengen.

Für das Dressing alle Zutaten in eine Schüssel geben und verrühren.

Das Dressing über den Salat gießen und gut vermengen. Nach Belieben mit der Minze garnieren und servieren.

FÜR 4 PERSONEN

80 g Gurken, in Stifte geschnitten

6 Frühlingszwiebeln, nur der weiße Teil, längs halbiert

2 Tomaten, entkernt und in 8 Spalten geschnitten

1 orangefarbene Paprika, in feine Streifen geschnitten

2 Selleriestangen, in Stifte geschnitten

4 Radieschen, geviertelt

80 g Rucola

1 EL frisch gehackte Minze, zum Garnieren (nach Belieben)

Dressing

2 EL Zitronensaft

1 Knoblauchzehe, zerdrückt

150 g Naturjoghurt

2 EL Olivenöl

Salz und Pfeffer

PAPRIKA-RADICCHIO-SALAT

Die Paprika am Stiel aufschneiden, entkernen und in dünne Ringe schneiden. In eine große Schüssel geben.

Für das Dressing alle Zutaten in ein kleines Schraubglas geben und kräftig schütteln.

Radicchio, Rote Beten, Radieschen und Frühlingszwiebeln zugeben. Das Dressing darübergießen und gut vermengen. Mit frischem Brot servieren.

FÜR 4 PERSONEN

2 rote Paprika

1 Radicchio, in einzelne Blätter getrennt

4 gekochte Rote Beten, in Stifte geschnitten

12 Radieschen, in Scheiben geschnitten

4 Frühlingszwiebeln, in Ringe geschnitten

frisches Brot, zum Servieren

Dressing

2 EL Rapsöl

2 EL Weißweinessig

Salz und Pfeffer

ZUCCHINISALAT MIT MINZE

FÜR 4 PERSONEN

Salz

2 Zucchini, in Stifte geschnitten

100 g grüne Bohnen, in Stücke geschnitten

1 grüne Paprika, in Streifen geschnitten

2 Selleriestangen, in feine Scheiben geschnitten

1 Bund Brunnenkresse

Dressing

200 g Naturjoghurt

1 Knoblauchzehe, zerdrückt

2 EL frisch gehackte Minze

Pfeffer

Salzwasser in einem Topf zum Kochen bringen, Zucchini und Bohnen zugeben und 8 Minuten garen, bis sie bissfest sind. Abgießen, unter fließend kaltem Wasser abschrecken, abtropfen und abkühlen lassen.

Zucchini, Bohnen, Paprika und Sellerie in eine große Schüssel geben und vermengen. Die Brunnenkresse auf dem Salat verteilen.

Für das Dressing alle Zutaten in einer Schüssel verrühren und über den Salat gießen. Sofort servieren.

KICHERERBSEN-TOMATEN-SALAT

Getrocknete Kichererbsen über Nacht einweichen und mindestens 30 Minuten weich kochen. Abgießen und abkühlen lassen.

Für das Dressing alle Zutaten in ein Schraubglas füllen und kräftig schütteln.

Kichererbsen, Tomaten, Zwiebel und Basilikum in einer Schüssel vermischen. Das Dressing darübergießen und unterrühren. Die Salatblätter auf 4 Servierschalen verteilen. Den Kichererbsensalat darauf anrichten und mit Basilikumblättern garnieren. Mit frischem Brot servieren.

FÜR 4 PERSONEN

400 g Kichererbsen aus der Dose, abgespült und abgetropft, oder 175 g getrocknete Kichererbsen

250 g vollreife Tomaten, in dünne Spalten geschnitten

1 rote Zwiebel, in feine Streifen geschnitten

1 Handvoll frisches Basilikum, gehackt, plus ein paar Blätter zum Garnieren

1 Romanasalat, in einzelne Blätter geteilt

frisches Brot, zum Servieren

Dressing

1 grüne Chili, entkernt und fein gehackt

1 Knoblauchzehe, zerdrückt

Saft und Schale von 2 Zitronen

2 EL Olivenöl

1 EL Wasser

schwarzer Pfeffer

REISSALAT MIT ERBSEN, BOHNEN & MINZE

Für das Dressing alle Zutaten in einer Schüssel verquirlen.

In einem großen Topf leicht gesalzenes Wasser zum Kochen bringen und den Reis darin nach Packungsanweisung garen. Abgießen und in eine Salatschüssel füllen. Das Dressing unterrühren und abkühlen lassen.

Bohnen, Zuckererbsen und Erbsen in einem Topf mit kochendem Wasser 2 Minuten blanchieren. Abgießen, unter fließend kaltem Wasser abschrecken und unter den Reis rühren. Nochmals abschmecken und mit den Minzeblättern garniert servieren.

FÜR 6 PERSONEN

Salz

175 g Langkornreis

140 g grüne Bohnen, diagonal in Stücke geschnitten

80 g Zuckererbsen, in dünne Streifen geschnitten

110 g Erbsen, TK-Ware, aufgetaut

frische Minzeblätter, zum Garnieren

Dressing

4 Frühlingszwiebeln, fein gehackt

4 EL Sonnenblumenöl

2 EL Weißweinessig

½ TL Dijon-Senf

2 EL fein gehackte frische Minze

Salz und Pfeffer

WARMER ASIASALAT

FÜR 4 PERSONEN

110 g Babykarotten, längs halbiert

110 g Brokkoliröschen

140 g Pak Choi

1 TL Sonnenblumenöl

1 rote Zwiebel, in Ringe geschnitten

1–2 frische Piri-Piri-Chillies, entkernt und in Ringe geschnitten

2,5-cm-Stück frischer Ingwer, gerieben

2 Sternanis

1 rote Paprika, in Streifen geschnitten

1 orangefarbene Paprika, in Streifen geschnitten

110 g Zucchini, in Streifen geschnitten

110 g Babymais, längs halbiert

2 EL Orangensaft

1 EL Sojasauce

1 EL Cashewkerne

In einem kleinen Topf etwas Wasser aufkochen und die Karotten darin 3 Minuten blanchieren. Den Brokkoli zufügen und weitere 2 Minuten kochen. Das Wasser abgießen und das Gemüse unter fließend kaltem Wasser abschrecken. Gut abtropfen lassen und beiseitestellen.

4 Servierteller mit jeweils einem Pak-Choi-Blatt auslegen. Die restlichen Blätter klein zupfen und beiseitestellen.

Das Öl in einem Wok oder einer großen Pfanne erhitzen. Zwiebel, Chillies, Ingwer und Sternanis zugeben und 1 Minute pfannenrühren. Paprika, Zucchini und Mais zufügen und 2 weitere Minuten anbraten.

Orangensaft und Sojasauce zugießen und verrühren. Den Pak Choi zugeben und 2 Minuten pfannenrühren, bis das Gemüse bissfest gegart ist. Den Salat auf die Teller verteilen. Mit Cashewkernen bestreuen und servieren.

HÄHNCHEN-SPINAT-SALAT

FÜR 4 PERSONEN

3 Selleriestangen, in Scheiben geschnitten

½ Gurke, in feine Scheiben geschnitten

2 Frühlingszwiebeln, gehackt

250 g junger Spinat

3 EL frisch gehackte Petersilie

350 g gebratenes Hähnchenbrustfilet, in Scheiben geschnitten

geröstete Mandeln, zum Garnieren

Dressing

2,5-cm-Stück Ingwerwurzel, fein gerieben

3 EL Olivenöl

1 EL Weißweinessig

1 EL Honig

½ TL Zimt

Salz und Pfeffer

Sellerie, Gurke, Frühlingszwiebeln, Spinat und Petersilie in einer großen Schüssel vermengen.

Auf 4 Servierteller verteilen und die Hähnchenbrust darauf anrichten.

Alle Dressingzutaten in ein Schraubglas füllen und kräftig schütteln. Mit Salz und Pfeffer würzen. Das Dressing über den Salat gießen. Mit Mandeln garnieren und sofort servieren.

THAILÄNDISCHER HÜHNCHEN-SALAT

Die Kartoffeln in einen Topf mit Salzwasser geben, zum Kochen bringen und etwa 15 Minuten garen. Die Maiskolben in einen weiteren Topf mit kochendem Salzwasser geben und etwa 5 Minuten bissfest garen. Kartoffeln und Mais abgießen, abtropfen und auskühlen lassen.

Kartoffeln und Mais in eine Salatschüssel geben und mit Bohnensprossen, Frühlingszwiebeln, Hähnchenfleisch, Zitronengras und Koriander vermengen. Mit Salz und Pfeffer würzen.

Für das Dressing alle Zutaten in ein Schraubglas füllen und kräftig schütteln. Über den Salat gießen, gut vermengen und mit Limettenspalten und Korianderblättern garnieren. Sofort servieren.

FÜR 4 PERSONEN

Salz

400 g neue Kartoffeln, abgebürstet und längs halbiert

200 g Babymaiskolben

150 g Bohnensprossen

3 Frühlingszwiebeln, in Ringe geschnitten

2 gegarte Hähnchenbrustfilets, in Scheiben geschnitten

1 EL gehacktes Zitronengras

2 EL frisch gehackter Koriander, plus einige Blätter zum Garnieren

Salz und Pfeffer

Limettenspalten, zum Garnieren

Dressing

6 EL Chili- oder Sesamöl

2 EL Limettensaft

1 EL helle Sojasauce

1 EL frisch gehackter Koriander

1 frische rote Chili, entkernt und in dünne Ringe geschnitten

GEFÜLLTE PITAS MIT PUTENFLEISCH

Den Backofengrill stark erhitzen.

Spinat, Paprika, Karotte und Hummus in einer großen Schüssel gründlich vermengen. Putenfleisch und Sonnenblumenkerne unterrühren und mit Salz und Pfeffer würzen.

Das Pitabrot unter dem Backofengrill etwa 1 Minute von jeder Seite rösten, jedoch nicht anbräunen. Halbieren und so zwei Brottaschen herstellen.

Den Salat auf diese Taschen verteilen und servieren.

ERGIBT 2 STÜCK

1 kleine Handvoll Babyspinat, zerkleinert

½ rote Paprika, in dünne Streifen geschnitten

½ Karotte, grob gerieben

4 EL Hummus

80 g gegartes Putenbrustfilet, in dünne Streifen geschnitten

½ EL geröstete Sonnenblumenkerne

1 Vollkornpitabrot

Salz und Pfeffer

THUNFISCH-AVOCADO-SALAT

FÜR 4 PERSONEN

2 Avocados, gewürfelt

250 g Kirschtomaten, halbiert

2 rote Paprika, in Stücke geschnitten

1 Handvoll glatte Petersilie

2 Knoblauchzehen, zerdrückt

1 frische rote Chili, entkernt und fein gehackt

Saft von einer ½ Zitrone

6 EL Olivenöl

Pfeffer

3 EL Sesamsaat

4 Thunfischsteaks (à 150 g)

8 gekochte neue Kartoffeln, gewürfelt

Rucola, zum Garnieren

Baguette, zum Servieren

Avocados, Tomaten, Paprika, Petersilie, Knoblauch, Chili, Zitronensaft und 2 Esslöffel Öl in einer großen Schüssel vermengen und mit Pfeffer abschmecken. Die Schüssel abdecken und 30 Minuten im Kühlschrank ziehen lassen.

Den Sesam in einem Mörser leicht zerstoßen und auf einen tiefen Teller geben. Die Thunfischsteaks darin wenden.

2 Esslöffel Öl in einer Pfanne erhitzen und die Kartoffeln unter Rühren 5–8 Minuten anbraten. Aus der Pfanne nehmen und beiseitestellen.

Das restliche Öl in der Pfanne erhitzen und die Thunfischsteaks 3–4 Minuten von jeder Seite braten.

Avocadosalat und Kartoffeln auf 4 Teller verteilen. Die Thunfischsteaks darauf anrichten. Mit Rucola garnieren und mit frischem Baguette servieren.

THUNFISCH MIT SPROSSEN-SALAT

Sojasauce, Öl und Ingwer in einer flachen Schüssel verquirlen. Die Thunfischsteaks gut darin wenden, abdecken und 1 Stunde bei Zimmertemperatur marinieren.

Eine gusseiserne Grillpfanne sehr stark erhitzen. Die Thunfischsteaks aus der Marinade heben und 2 Minuten braten. Dann wenden und weitere 1–2 Minuten braten, bis die Steaks außen gar, innen aber noch etwas rosa sind. Für durchgebratenen Thunfisch weitere 2-3 Minuten braten.

Für das Dressing alle Zutaten in einem kleinen Topf unter Rühren leicht erwärmen.

Alfalfa-, Bohnen- und Senfsprossen in einer Schüssel mit dem Limettensaft mischen. Mit Salz und Pfeffer würzen.

Die Sprossen auf 4 Servierteller verteilen und je ein Thunfischsteak darauflegen. Mit dem warmen Dressing beträufeln und sofort mit Limettenspalten garniert servieren.

FÜR 4 PERSONEN

2 EL Sojasauce

1 EL Sonnenblumenöl

1 TL frisch geriebene Ingwerwurzel

4 Thunfischsteaks (à 175 g)

50 g frische Alfalfasprossen

50 g frische Bohnensprossen

25 g Senfsprossen

1 Spritzer Zitronen- oder Limettensaft

Salz und Pfeffer

Limettenspalten, zum Garnieren

Dressing

3 EL Sonnenblumenöl

2 EL Sojasauce

1 EL flüssiger Honig

2 EL Reisessig

SALAT MIT TINTENFISCH

FÜR 4 PERSONEN

- 12 Kalmarmäntel mit Tentakeln (insgesamt 700 g), küchenfertig
- 2–3 EL Olivenöl
- 1–2 rote Chillies, entkernt und in feine Streifen geschnitten
- 2 Frühlingszwiebeln, fein gehackt
- Salz und Pfeffer
- Saft von ½ Zitrone
- 125 g Brunnenkresse
- 100 g Babyspinat oder Rucola
- Zitronenspalten, zum Servieren

Dressing

- 100 ml Olivenöl
- Saft von 1 Limette
- 1 TL Zucker
- 2 Schalotten, in dünne Ringe geschnitten
- 1 Tomate, gehäutet, entkernt und fein gehackt
- 1 Knoblauchzehe, zerdrückt

Für das Dressing alle Zutaten in einer kleinen Schüssel verquirlen, abschmecken, abdecken und bis zur Verwendung in den Kühlschrank stellen. Die Kalmarmäntel in 5 cm große Stücke schneiden, dann das Fleisch rautenförmig leicht mit einer Messerspitze einritzen.

Das Öl in einem Wok oder einer großen Pfanne bei hoher Hitze erwärmen und das Kalmarfleisch mit Tentakeln darin 1 Minute pfannenrühren. Chillies und Frühlingszwiebeln zugeben und 1 weitere Minute pfannenrühren. Mit Salz, Pfeffer und Zitronensaft abschmecken.

Brunnenkresse und Spinat mischen, das Dressing darübergeben und alles gut vermengen. Sofort mit Kalmar und Zitronenspalten servieren.

WARMER GARNELEN-SALAT

FÜR 4 PERSONEN

1 TL Sonnenblumenöl

1 frische Serrano-Chili, entkernt und fein gehackt

120 g Zuckererbsen

6 Frühlingszwiebeln, in feine Streifen geschnitten

25 g Maiskörner, TK-Ware, aufgetaut

150 g weißes Krebsfleisch, frisch oder aus der Dose, abgetropft

50 g rohe Garnelen, ausgelöst und Darmfäden entfernt

100 g Karotten, grob geraspelt

120 g Bohnensprossen

250 g junger Spinat

1 EL fein abgeriebene Orangenschale

2 EL Orangensaft

1 EL frisch gehackter Koriander, zum Garnieren

Das Öl in einem Wok oder einer großen Pfanne erhitzen. Chili und Zuckererbsen zugeben und bei mittlerer Hitze 2 Minuten pfannenrühren.

Frühlingszwiebeln und Maiskörner zugeben und 1 weitere Minute pfannenrühren.

Krebsfleisch, Garnelen, Karotten, Bohnensprossen und Spinat zufügen. Orangenschale und -saft einrühren und 2–3 Minuten pfannenrühren, bis die Garnelen gar sind. Den Salat auf 4 Schüsseln verteilen, mit dem Koriander garnieren und servieren.

OBSTSALATE

FRÜHSTÜCKS-SALAT MIT BEEREN

Alle Beeren in eine flache Schüssel geben und Orangensaft und Zucker unterrühren. Abdecken und mindestens 2 Stunden oder über Nacht im Kühlschrank ziehen lassen.

Den Joghurt in einer kleinen Schüssel mit Orangenschale und Honig verrühren.

Den gekühlten Beerensalat auf 4 Servierteller verteilen, etwas Joghurt daraufgeben und mit Sonnenblumenkernen und Haselnüssen bestreuen. Sofort servieren.

FÜR 4 PERSONEN

225 g kleine Erdbeeren, halbiert

140 g Himbeeren

110 g Brombeeren

110 g Blaubeeren

fein abgeriebene Schale und Saft von 1 Orange

1 EL Zucker

6 EL griechischer Joghurt

1 EL Orangenblütenhonig

1 EL Sonnenblumenkerne

1 EL gehackte geröstete Haselnüsse

GRÜNER FRUCHTSALAT

Für den Sirup alle Zutaten in einen Topf geben und zum Kochen bringen. Die Hitze reduzieren und 10 Minuten köcheln lassen. Den Sirup vom Herd nehmen und abkühlen lassen.

Für den Fruchtsalat die Melone halbieren und entkernen. Das Fruchtfleisch mit einem Kugelausstecher herauslösen.

Den Sirup durch ein Haarsieb in eine Schüssel gießen. Melonenkugeln, Äpfel, Kiwis und Trauben zugeben und gut vermengen.

Den Fruchtsalat mit einigen Minzeblättchen und Zitronenzesten garnieren und servieren.

FÜR 4 PERSONEN

1 Honigmelone

2 grüne Äpfel, in kleine Stücke geschnitten

2 Kiwis, in dünne Scheiben geschnitten

125 g kernlose grüne Trauben

Sirup

Schale von 1 Zitrone

150 ml Weißwein

150 ml Wasser

4 EL Honig

frische Minzezweige

Zum Garnieren

frische Minze

Zitronenzesten

EXOTISCHER FRUCHTSALAT

FÜR 4 PERSONEN

1 Ananas, in dünne Scheiben geschnitten

1 Mango, in dünne Scheiben geschnitten

1 Papaya, in dünne Scheiben geschnitten

4 Orangen, filetiert

125 g Erdbeeren, geviertelt

Schlagsahne oder Crème fraîche, zum Servieren (nach Belieben)

Sirup

6 EL Zucker

400 ml Wasser

½ TL Lebkuchengewürz

abgeriebene Schale von ½ Zitrone

Für den Sirup alle Zutaten in einen Topf geben und zum Kochen bringen. Unter Rühren 2 Minuten kochen und vom Herd nehmen. Auf Zimmertemperatur abkühlen lassen. In eine Schüssel geben, mit Frischhaltefolie abdecken und 1 Stunde im Kühlschrank ziehen lassen.

Die Ananasscheiben in dicke Streifen schneiden und zusammen mit Mango- und Papayascheiben in eine Schüssel geben. Orangenfilets und Erdbeerviertel zufügen und vorsichtig vermengen.

Den gekühlten Sirup über den Fruchtsalat gießen, die Schüssel mit Frischhaltefolie abdecken und bis zum Servieren im Kühlschrank aufbewahren. Mit Schlagsahne oder Crème fraîche servieren.

EXOTISCHER FRUCHT-COCKTAIL

FÜR 4 PERSONEN

2 Orangen

2 große Passionsfrüchte

1 Ananas, in Stücke geschnitten

1 Granatapfel

1 Banane

Eine Orange halbieren und den Saft in eine Schüssel pressen. Die zweite Orange schälen und über der Schüssel filetieren, um den Saft aufzufangen. Die Filets in die Schüssel geben.

Die Passionsfrüchte halbieren, das Fruchtmark mit einem Löffel herauslösen und durch ein Haarsieb in die Schüssel mit den Orangenfilets streichen. Die Ananasstücke zugeben und vermengen.

Den Granatapfel vierteln und die Kerne mit den Fingern oder einem Löffelstiel herauslösen. Unter den Fruchtsalat mischen.

Die Banane in dünne Scheiben schneiden, mit den anderen Früchten vermengen und sofort servieren.

PAPAYA-WEISSKOHL-SALAT

Für das Dressing alle Zutaten in eine Schüssel geben und verrühren.

Eisbergsalat und Weißkohl vermengen und auf einer großen Servierplatte verteilen. Die Papayaspalten darauf anrichten.

Die Tomaten kreuzweise einschneiden und 1 Minute in kochend heißem Wasser blanchieren. Unter fließend kaltem Wasser abschrecken und häuten. Die Tomaten halbieren, entkernen und in sehr feine Spalten schneiden. Auf dem Salat verteilen.

Den Salat mit Erdnüssen und Frühlingszwiebeln bestreuen und das Dressing darübergießen. Mit Basilikum garnieren und sofort servieren.

FÜR 4 PERSONEN

1 kleiner Eisbergsalat, in Streifen geschnitten

¼ Weißkohl, gehobelt

2 Papayas, in Spalten geschnitten

2 Tomaten

25 g geröstete Erdnüsse, grob gehackt

4 Frühlingszwiebeln, in feine Ringe geschnitten

Basilikumblätter, zum Garnieren

Dressing

4 EL Olivenöl

1 EL thailändische Fischsauce oder helle Sojasauce

2 EL Limetten- oder Zitronensaft

1 EL Rohrzucker

1 TL fein gehackte, frische rote oder grüne Chili

MELONEN-MANGO-SALAT

Für das Melonendressing alle Zutaten in einer Schale verrühren.

Melone, Trauben und Mango in eine Schüssel geben und vermengen.

Brunnenkresse und Eisbergsalat auf 4 Teller aufteilen.

Für das Salatdressing alle Zutaten in einer Schüssel verrühren und über die Salatblätter träufeln.

Die Früchtemischung auf den Salatblättern anrichten und mit dem Melonendressing beträufeln.

Die Passionsfrucht halbieren, das Fruchtmark mit einem Löffel herauslösen und auf den Salat geben. Sofort servieren.

FÜR 4 PERSONEN

1 Cantaloupe-Melone, fein gewürfelt

50 g kernlose blaue Trauben, halbiert

50 g kernlose grüne Trauben

1 große Mango, gewürfelt

1 Bund Brunnenkresse

einige Blätter Eisbergsalat, in Streifen geschnitten

1 Passionsfrucht

Melonendressing

150 g Naturjoghurt

1 EL flüssiger Honig

1 TL frisch geriebener Ingwer

Salatdressing

2 EL Olivenöl

1 EL Apfelessig

Salz und Pfeffer

SALAT MIT ERDBEEREN & MELONE

FÜR 4 PERSONEN

½ Eisbergsalat, in Streifen geschnitten

1 kleine Honigmelone, in 2,5 cm große Stücke geschnitten

250 g Erdbeeren, in Scheiben geschnitten

5-cm-Stück Gurke, in dünne Scheiben geschnitten

frische Minze, zum Garnieren

Dressing

200 g Naturjoghurt

5-cm-Stück Gurke, geschält

frische Minzeblätter

¼ TL fein abgeriebene Limettenschale

1 Prise Zucker

3–4 Eiswürfel

Den Eisbergsalat auf 4 Teller verteilen.

Die Melonenwürfel mit den Erdbeer- und Gurkenscheiben auf den Salatblättern verteilen.

Für das Dressing alle Zutaten mit einem Pürierstab oder in der Küchenmaschine glatt pürieren.

Das Dressing über den Salat gießen. Mit Minze garnieren und sofort servieren.

BUNTER SALAT MIT MELONE & MINZE

FÜR 4 PERSONEN

350 g Wassermelone

½ kleine Honigmelone

½ Charentais- oder Cantaloupe-Melone

½ Salatgurke, geschält und gewürfelt

50 g frische Erbsensprossen

frische Minzeblätter, zum Garnieren

Dressing

3 EL helles Olivenöl

1 EL Weißweinessig

½ TL Zucker

1 EL frisch gehackte Minze

Salz und Pfeffer

Das Melonenfleisch in gleich große Stücke schneiden und sämtliche Kerne entfernen. Melonenstücke und Gurke in eine Schüssel geben.

Für das Dressing alle Zutaten in einer kleinen Schüssel verquirlen.

Das Dressing über den Salat träufeln und alles gut durchheben. Abgedeckt mindestens 1 Stunde in den Kühlschrank stellen.

Die Erbsensprossen zum gekühlten Salat geben und vorsichtig unterheben. In eine Salatschüssel füllen, mit den Minzeblättern garnieren und servieren.

SPARGELSALAT MIT SCHINKEN-MELONE

Salzwasser in einem Topf zum Kochen bringen. Den Spargel darin bei mittlerer Hitze 10 Minuten garen, bis er bissfest ist. Abgießen und unter fließend kaltem Wasser abschrecken. Abtropfen lassen und beiseitestellen.

Die Schinkenscheiben längs halbieren und um die Melonenspalten wickeln.

Auf einer großen Servierplatte den Spargel und daneben die Salatblätter anrichten und mit etwas Salz und Pfeffer würzen. Die Melonenspalten daraufsetzen.

Die Himbeeren um die Melonenspalten herum verteilen und alles mit Parmesan bestreuen. Die Zutaten für das Dressing in ein Schraubglas füllen und kräftig schütteln. Über den Salat gießen und sofort servieren.

FÜR 4 PERSONEN

250 g grüner Spargel, holzige Enden entfernt und die Stangen auf eine Länge gekürzt

50 g Parmaschinken, in dünne Scheiben geschnitten

1 kleine Galia- oder Cantaloupe-Melone, geschält und in dünne Spalten geschnitten

150 g gemischte Salatblätter, z. B. Radicchio, Rucola und Frisée

Salz und Pfeffer

80 g Himbeeren

2 EL frisch gehobelter Parmesan

Dressing

1 EL Balsamicoessig

2 EL Himbeeressig

2 EL Orangensaft

1 Prise Salz

CANTALOUPE-MELONE MIT KREBSSALAT

FÜR 4 PERSONEN

350 g frisches Krebsfleisch

5 EL Mayonnaise

50 g Naturjoghurt

4 TL natives Olivenöl extra

4 TL Limettensaft

1 Frühlingszwiebel, fein gehackt

4 TL frisch gehackte glatte Petersilie

1 Prise Cayennepfeffer

1 Cantaloupe-Melone

2 Radicchios, in Blätter getrennt

frische glatte Petersilienzweige, zum Garnieren

frisches, knuspriges Brot, zum Servieren

Das Krebsfleisch in eine große Schüssel füllen und jegliche Schalen oder Knorpel entfernen. Das Krebsfleisch dabei aber nicht zerkleinern.

Mayonnaise, Joghurt, Olivenöl, Limettensaft, Frühlingszwiebel, gehackte Petersilie und Cayennepfeffer in einer separaten Schüssel gut verrühren, dann unter das Krebsfleisch rühren.

Die Melone halbieren und die Kerne entfernen. Das Fruchtfleisch in Spalten schneiden und die Schale mit einem scharfen Messer entfernen.

Die Melonenspalten mit den Radicchioblättern auf 4 Servierschalen verteilen, dann das Krebsfleisch daraufgeben. Mit ein paar Petersilienzweigen garnieren und mit knusprigem Brot servieren.

ROTER FRUCHTSALAT

FÜR 4 PERSONEN

1 Wassermelone (1,5 kg)

120 g kernlose blaue Trauben

4 Feigen

einige Orangenzesten, zum Garnieren

Sirup

abgeriebene Schale von 1 Limette

abgeriebene Schale und Saft von 1 Orange

1 EL Ahornsirup

2 EL flüssiger Honig

Die Melone vierteln und entkernen. Das Fruchtfleisch in 2,5 cm große Würfel schneiden. Die Melonenwürfel mit den Trauben in eine Schüssel geben. Die Feigen in je 8 Spalten schneiden und ebenfalls in die Schüssel geben.

Für den Sirup alle Zutaten in einen Topf geben und zum Kochen bringen. 1 Minute köcheln lassen und den Sirup über die Früchte gießen. Gut vermengen und abkühlen lassen. Dann die Schüssel abdecken und für 1 Stunde im Kühlschrank unter gelegentlichem Rühren ziehen lassen.

Den Fruchtsalat auf 4 Dessertschalen verteilen, mit Orangenzesten garnieren und servieren.

MELONEN-CHICORÉE-SALAT

Die Äpfel entkernen und klein würfeln. In eine Salatschüssel geben und mit Zitronensaft beträufeln.

Die restlichen Zutaten zufügen und sorgfältig vermengen. Mit etwas Salz abschmecken und sofort servieren.

FÜR 4 PERSONEN

2 Äpfel

Saft von 1 Zitrone

1 großes Stück Wassermelone, klein gewürfelt

1 Chicorée, in dicke Streifen geschnitten

4 Selleriestangen mit Grün, in Scheiben geschnitten, das Grün gehackt

1 EL Walnussöl

Salz

COUSCOUS-SALAT MIT FETA & HIMBEEREN

FÜR 6 PERSONEN

- 350 g Couscous
- 600 ml kochende Hühner- oder Gemüsebrühe
- 350 g Himbeeren
- ½ Bund Basilikum
- 225 g Feta, zerkrümelt oder gewürfelt
- 2 Zucchini, in feine Scheiben geschnitten
- 4 Frühlingszwiebeln, diagonal in Ringe geschnitten
- 50 g geröstete Pinienkerne
- abgeriebene Schale von 1 Zitrone

Dressing

- 1 EL Weißweinessig
- 1 EL Balsamicoessig
- 4 EL natives Olivenöl extra
- Saft von 1 Zitrone
- Salz und Pfeffer

Den Couscous in eine große hitzebeständige Schüssel geben, mit der Brühe übergießen und vermengen. Die Schüssel abdecken und so lange quellen lassen, bis die Brühe vollständig aufgesogen ist.

Die Himbeeren verlesen und überreife Früchte aussortieren. Das Basilikum hacken.

Den Couscous in eine große Servierschüssel umfüllen und mit einer Gabel auflockern. Feta, Zucchini, Frühlingszwiebeln, Himbeeren, Pinienkerne, Basilikum und Zitronenschale zugeben und vermengen.

Die Dressingzutaten in ein Schraubglas geben und kräftig schütteln. Über den Salat gießen und sofort servieren.

BRUNNEN-KRESSESALAT MIT ERDBEEREN

Für die Balsamicoreduktion Essig und Zucker in einen kleinen Topf geben. Sanft unter Rühren erhitzen, bis der Zucker aufgelöst ist. Dann 5–6 Minuten zu einem Sirup einkochen und anschließend 30 Minuten abkühlen lassen.

Die Brunnenkresse in eine Salatschüssel geben und mit den Erdbeeren bestreuen. Die Avocado halbieren, schälen, in Scheiben schneiden und vorsichtig im Zitronensaft wenden. Dann zum Salat geben. Gurke und Walnüsse darüber verteilen und mit der Balsamicoreduktion beträufeln. Leicht mit Salz und Pfeffer würzen und sofort servieren.

FÜR 4 PERSONEN

110 g Brunnenkresse, harte Stiele entfernt

350 g frische Erdbeeren, in Scheiben geschnitten

1 reife Avocado

1 EL Zitronensaft

¼ Salatgurke, fein gewürfelt

1 EL gehackte Walnüsse

Salz und Pfeffer

Balsamicoreduktion

100 ml Balsamicoessig

2 EL Zucker

BOHNENSALAT MIT FETA, MINZE & ERDBEEREN

Für das Dressing Essig, Zucker, Senf und Salz in einer Schüssel glatt rühren. Langsam unter ständigem Rühren das Öl zugießen.

In einem großen Topf Wasser zum Kochen bringen und die Bohnen darin 5 Minuten garen, bis sie bissfest sind. Mit einem Schaumlöffel herausheben und unter fließend kaltem Wasser abschrecken. Die Erdbeeren halbieren und zu den Bohnen geben. Pistazien und Minzeblätter zufügen und den Salat gründlich im Dressing wenden.

Den Feta zerbröckeln und über den Salat streuen. Großzügig mit frisch gemahlenem Pfeffer würzen und sofort servieren.

FÜR 4–6 PERSONEN

500 g grüne Bohnen

500 g Erdbeeren

2–3 EL Pistazien

1 kleines Bund frische Minze

500 g Feta

Pfeffer

Dressing

2 EL Himbeeressig

2 TL Zucker

1 EL Dijon-Senf

1 Prise Salz

125 ml Olivenöl

WARMER SALAT MIT PFIRSICHEN & ZIEGENKÄSE

FÜR 4 PERSONEN

4 gerade reife Pfirsiche, halbiert und dann in 6 Scheiben geschnitten

1 EL Olivenöl

2 TL Zitronensaft

Salz und Pfeffer

50 g Feldsalat

50 g Frisée

125 g milder Ziegenkäse, zerbröckelt

4 Scheiben Serrano-Schinken

1 EL gehackte geröstete Haselnüsse

Dressing

4 EL Olivenöl

2 EL Haselnussöl

2 EL Rotweinessig

½ TL Zucker

Salz und Pfeffer

Für das Dressing alle Zutaten in einer kleinen Schüssel verquirlen. Die Pfirsichscheiben in einer Schüssel in Olivenöl und Zitronensaft wenden und leicht mit Salz und Pfeffer würzen.

Eine gusseiserne Grillpfanne erhitzen und die Pfirsichscheiben darin bei mittlerer Hitze unter einmaligem Wenden 2–3 Minuten braten, bis sie braun sind und etwas weich werden.

Feldsalat und Frisée in einer Schüssel mit der Hälfte des Dressings mischen. Dann auf 4 Servierteller verteilen. Mit den warmen Pfirsichen, Ziegenkäse und einer Scheibe Serrano-Schinken belegen.

Den Salat mit dem verbliebenen Dressing beträufeln und den gerösteten Haselnüssen bestreuen. Sofort servieren.

SALAT MIT BIRNE & ROQUEFORT

Für das Dressing den Käse in eine Schüssel geben und mit einer Gabel zerdrücken. Nach und nach den Joghurt zufügen und glatt rühren. Den Schnittlauch zugeben und mit Salz und Pfeffer abschmecken.

Die Salatblätter in mundgerechte Stücke zerkleinern und auf einer großen Servierplatte verteilen. Die Birnen darauf anrichten.

Das Roquefortdressing über den Salat träufeln und mit einigen Schnittlauchhalmen garnieren. Sofort servieren.

FÜR 4 PERSONEN

einige Blätter Lollo Rosso

einige Blätter Radicchio

80 g Feldsalat

2 vollreife Birnen, in dünne Scheiben geschnitten

Schnittlauchhalme, zum Garnieren

Dressing

50 g Roquefort

150 g Naturjoghurt

2 EL Schnittlauchröllchen

Salz und Pfeffer

BUNTER NUDELSALAT MIT BLAUSCHIMMELKÄSE

Salzwasser in einem großen Topf zum Kochen bringen und die Nudeln darin 8–10 Minuten garen, bis sie al dente sind. Abgießen, mit kaltem Wasser abschrecken und abtropfen lassen.

Die Salatblätter in eine Salatschüssel geben. Die Birnen in eine andere Schüssel geben und mit dem Zitronensaft beträufeln. Käse, Walnüsse, Pasta, Tomaten, Zwiebel, Karotte und Mais zugeben und vermengen. Die Mischung auf die Salatblätter geben.

Für das Dressing Öl und Zitronensaft verrühren und mit Salz und Pfeffer abschmecken. Über den Salat gießen und vorsichtig vermengen. Mit den Basilikumblättern und dem Feldsalat garnieren und servieren.

FÜR 4 PERSONEN

Salz

250 g Trulli oder andere kurze Nudeln

1 Radicchio, zerpflückt

1 Lollo Rosso, zerpflückt

2 Birnen, in feine Spalten geschnitten

1 EL Zitronensaft

250 g Blauschimmelkäse, z. B. Gorgonzola, gewürfelt

50 g gehackte Walnusskerne

4 Tomaten, in Spalten geschnitten

1 rote Zwiebel, in dünne Ringe geschnitten

1 Karotte, grob geraspelt

50 g Mais aus der Dose, abgetropft

Zum Garnieren

8 Basilikumblätter

50 g Feldsalat

Dressing

4 EL Olivenöl

2 EL Zitronensaft

Salz und Pfeffer

FRUCHTIGER SPROSSEN-SALAT

FÜR 4 PERSONEN

120 g Bohnensprossen

100 g rote und grüne kernlose Trauben, halbiert

12 ungeschwefelte getrocknete Aprikosen, halbiert

25 g blanchierte Mandeln, halbiert

Dressing

1 EL Walnussöl

1 TL Sesamöl

2 TL Balsamicoessig

Salz und Pfeffer

Die Bohnensprossen waschen, abtropfen lassen und in eine große Salatschüssel geben. Trauben und Aprikosen zugeben.

Die Zutaten für das Dressing in ein Schraubglas füllen, kräftig schütteln und über den Salat gießen.

Den Salat mit den Mandeln bestreuen und sofort servieren.

HÜHNCHEN-GRAPEFRUIT-SALAT

Das Hühnerfleisch in einem großen Topf mit Wasser bedecken. Das Bouquet garni und die Pfefferkörner zufügen und alles sanft zum Köcheln bringen. Abdecken und 25–30 Minuten köcheln, bis das Fleisch soeben gar ist. Vom Herd nehmen und das Fleisch abgedeckt im Sud abkühlen lassen.

Mit einem Sägemesser Schale und weiße Haut der Grapefruits entfernen. Die Grapefruits über eine Schüssel halten, um den Saft aufzufangen, und filetieren. 2 Esslöffel des Safts beiseitestellen.

Die Salatblätter und die Grapefruitfilets in einer Schüssel mischen.

Für das Dressing alle Zutaten in einer kleinen Schüssel mit dem Grapefruitsaft sorgfältig verquirlen.

Das pochierte Hühnerfleisch abgießen und mit Küchenpapier trocken tupfen. In mundgerechte Stücke zupfen oder in dünne Scheiben schneiden. Auf den Salat geben, mit Dressing beträufeln und mit Kerbelzweigen garnieren.

FÜR 4 PERSONEN

2 Hähnchenbrustfilets (à 175 g)

1 Bouquet garni

einige schwarze Pfefferkörner

2 rosafarbene Grapefruits

3 Romanasalatherzen, in einzelne Blätter getrennt

1 Chicorée, in Blätter getrennt

frische Kerbelzweige, zum Garnieren

Dressing

1 EL helles Olivenöl

3 EL Naturjoghurt (10 % Fett)

1 TL grober Senf

1 Prise Zucker

1 EL frisch gehackter Kerbel

Salz und Pfeffer

HÜHNCHEN-CRANBERRY-SALAT

Die Cranberrys mit dem Apfelsaft in eine Schüssel geben und verrühren. Abdecken und 30 Minuten quellen lassen.

Das Hähnchenbrustfleisch vorsichtig von der Karkasse lösen und in dicke Scheiben schneiden. Die Keulen in Unter- und Oberschenkel zerlegen. Die Flügel abtrennen. Beiseitelegen.

Salzwasser in einem Topf zum Kochen bringen und die Erbsen darin 6–8 Minuten bissfest garen. Abgießen, unter fließend kaltem Wasser abschrecken und abtropfen lassen.

Die Avocadostreifen mit dem Zitronensaft beträufeln und beiseitelegen.

Die Salatblätter auf einer Servierplatte verteilen und Avocadoscheiben, Erbsen, Brunnenkresse und Hähnchenfleisch darauf anrichten.

Die Zutaten für das Dressing in ein Schraubglas füllen, kräftig schütteln und über den Salat gießen. Die Cranberrys darüberstreuen und sofort servieren.

FÜR 4 PERSONEN

120 g getrocknete Cranberrys

2 EL Apfelsaft oder Wasser

1 gebratenes Hähnchen (1,3 kg)

200 g Erbsen, TK-Ware, aufgetaut

2 Avocados, in dicke Streifen geschnitten

Saft von ½ Zitrone

2 Romanasalatherzen, in einzelne Blätter getrennt

1 Bund Brunnenkresse

50 g Rucola

Dressing

2 EL Olivenöl

1 EL Walnussöl

2 EL Zitronensaft

1 EL frisch gehackte gemischte Kräuter, z. B. Petersilie und Schnittlauch

Salz und Pfeffer

CHILIGARNELEN MIT ANANAS-PAPAYA-SALAT

FÜR 8 PERSONEN

4 EL Sonnenblumenöl

1 frische rote Chili, entkernt und gehackt

1 Knoblauchzehe, zerdrückt

48 kleine Garnelen

frisch gehackte Petersilie, zum Garnieren

Salsa

1 große Papaya, fein gewürfelt

1 kleine Ananas, fein gewürfelt

1 frische rote Chili, entkernt und fein gehackt

2 Frühlingszwiebeln, sehr fein gehackt

1 Knoblauchzehe, sehr fein gehackt

2½ TL Zitronensaft

½ TL gemahlener Kreuzkümmel

¼ TL Salz

schwarzer Pfeffer

Für die Salsa alle Zutaten in einer Schüssel verrühren, abdecken und mindestens 2 Stunden im Kühlschrank ziehen lassen.

Das Öl in einem Wok erhitzen. Chili und Knoblauch kurz pfannenrühren. Die Garnelen hinzufügen und 3 Minuten garen, bis sie rosa sind.

Die Garnelen mit dem gesamten Öl in eine Schüssel geben und abkühlen lassen. Abdecken und mindestens 2 Stunden im Kühlschrank ziehen lassen.

Die Garnelen aus der Marinade nehmen, auf 8 Schüsseln verteilen und mit der Petersilie bestreuen. Mit der Salsa servieren.

REGISTER